Gottes Schweigen

Magnus Striet

Gottes Schweigen

Auferweckungssehnsucht –
und Skepsis

Matthias Grünewald Verlag

VERLAGSGRUPPE PATMOS

PATMOS
ESCHBACH
GRÜNEWALD
THORBECKE
SCHWABEN

Die Verlagsgruppe
mit Sinn für das Leben

Für die Schwabenverlag AG ist Nachhaltigkeit ein wichtiger Maßstab ihres Handelns. Wir achten daher auf den Einsatz umweltschonender Ressourcen und Materialien.

Bibliografische Information der Deutschen Nationalbibliothek
Die Deutsche Nationalbibliothek verzeichnet diese Publikation in der Deutschen Nationalbibliografie; detaillierte bibliografische Daten sind im Internet über http://dnb.d-nb.de abrufbar.

2. Auflage 2017
Alle Rechte vorbehalten
© 2015 Matthias Grünewald Verlag der Schwabenverlag AG, Ostfildern
www.gruenewaldverlag.de

Umschlaggestaltung: Finken & Bumiller, Stuttgart
Umschlagabbildung: © colombo/photocase.de
Druck: CPI – buchbücher.de, Birkach
Hergestellt in Deutschland
ISBN 978-3-7867-3033-0 (Print)
ISBN 978-3-7867-3056-9 (eBook)

Inhalt

Einleitung

> Das ist das Los,
> Das Menschenlos: – was gut und groß
> Und schön, das nimmt ein schlechtes Ende.
>
> *Heinrich Heine*[1]

> Wir schreiben alle an der *einen* Partitur.
>
> *Hans Zender*[2]

Sie gehört zu meinen frühen Kindheitserinnerungen, die Ruhe der Kartage. Zu dieser Erinnerung gehört auch die frühlingshafte Luft. Dabei dürfte es während der Kar- und Ostertage nicht immer Frühlingswetter gehabt haben. Schließlich stamme ich aus dem Münsterland. Und dort regnet es bekanntlich ebenso häufig, wie die Kirchenglocken läuten. Ob dies noch lange der Fall sein wird, ist fraglich. Gottesdienste werden seltener, Kirchen schließen. Dementsprechend nimmt das Geläut ab, und der Regen im Münsterland dazu proportional zu.
Manche schieben diese Entwicklung auf die Abnahme der Gläubigen. Es werde nicht mehr geglaubt, und deshalb ginge der Bedarf an Kirchen zurück. Ich bin da nicht so sicher. Sicher bin ich mir nur in einem anderen Punkt. Es wäre schade, wenn es eines Tages womöglich nur noch regnen würde. Aber was heißt

schon *nur noch*. Die Unterhaltungsindustrie würde wohl fleißig daran arbeiten, dass dieses *nur noch* übertönt würde. Aber sicher bin ich mir auch diesbezüglich nicht. Möglicherweise ist die Sehnsucht, dass da noch einer sei, ein Gott, zu stark im Menschen, als dass sie überdröhnt werden könnte vom lauten Einerlei des Alltags. Wer weiß.

Zu meinen frühen Kindheitserinnerungen gehört aber nicht nur, dass es über die Ostertage frühlingshaft warm war, sondern auch, dass man zuvor, ab Aschermittwoch, fasten sollte. Ganz so streng hielt man es auch Ende der 60er Jahre mit dem Fasten schon nicht mehr, dennoch war diese Praxis in den katholischen Milieus, soweit ich dies rückblickend einschätzen kann, durchaus noch präsent. Zumindest gab es, auch dies ist ja aufschlussreich, noch das schlechte Gewissen, wenn man es nicht tat. Es war noch nicht so wie heute, wo das Fasten der Figur und der Gesundheit dient und oftmals so zwanghaft betrieben wird, dass es sich von einer um des eigenen Seelenheils willen gnadenlos betriebenen religiösen Askese kaum unterscheidet. Warum man fasten sollte, hat mir allerdings damals schon nicht so recht eingeleuchtet. Nicht, dass ich nicht berührt gewesen wäre von dem, was da erinnert wurde, dieses grauenhafte Sterben eines Menschen, dieses Jesus von Nazareth. Und doch, aber ich will da nichts stilisieren, beschlich mich, so meine Erinnerung heute, bereits damals die Ahnung, dass an dieser Glaubenslogik etwas nicht stimmen konnte: Ein Gott, der seinem Sohn dieses Opfer abverlangte, wegen meiner Sünden … Und dann gab es ja auch noch am Karfreitag Struwen, ein in Fett ausgebackener Hefeteig mit Rosinen, den wir Kinder liebten. Fasten zu sollen bei Struwen, ein Widerspruch in sich selbst. Der Katholizismus war immer flexibel genug, um sich das Leben nicht gänzlich verekeln zu lassen. Das Leben will gelebt sein. Gegen eine allzu sündentriefende Rhetorik hat sich das Normalitätsbewusstsein, die Lust am Leben, immer gesträubt. Die Mönchsorden bilden hier ein berüchtigtes Beispiel. *Ora et labora* ja, aber man wollte auch leben, und zwar gut.

In die Karfreitagsliturgie bin ich jedenfalls nur sehr ungern gegangen. Wenn die Leidensgeschichte verlesen wurde, hielt ich es nur schwer aus. Und dann die Stille, die eintrat, wenn es hieß: Und er senkte sein Haupt und verstarb. Ich kann mich auch gut erinnern, wie Menschen mit den Tränen kämpften. Und auch mir saß der Kloß im Hals. Ich habe nie geweint, war aber immer kurz davor. Umso erleichterter war ich, wenn die Liturgie dann zu Ende war – es wieder in den Frühling ging. Ein wenig stand die Welt dann aber noch still. Ich war unsicher, ob es angebracht sei, meiner üblichen Beschäftigung nachzugehen, nämlich im Garten Fußball zu spielen. Spätestens am Samstag habe ich wieder gespielt. Vermutlich aber auch schon am Freitag. Schicklicher wäre der Samstag gewesen, doch – ich gestehe es – es war der Freitag. Wie musste ich dann später bei Friedrich Nietzsche lesen: Es sei das Christentum und seine Moral gewesen, das den Menschen zur Wahrhaftigkeit erzogen habe. Aber: »der Sinn der Wahrhaftigkeit, durch das Christentum hoch entwickelt«, habe »Ekel vor der Falschheit und Verlogenheit aller christlichen Welt- und Geschichtsdeutung«[3] bekommen.

Aber zurück zu meiner Kindheit. So richtig wohl, daran kann ich mich auch noch sehr gut erinnern, war mir nicht dabei, wenn ich zur Normalität, *meiner* Normalität, zurückging. Dass der Karfreitag einzuhalten sei, dieser Tag den Alltag unterbrach, war noch selbstverständlich. Was immer das auch geheißen haben mag. Man hatte zu fasten, die Kinder nur begrenzt, jedenfalls nicht so wie die Erwachsenen, und doch: atmosphärisch war dieser Tag deutlich anders. Die Zeit war ein wenig stillgestellt, die

Stimmung eingedüstert. Diese Stimmung ließ sich allerdings auch nur alles andere als leicht aushalten. Mich jedenfalls bedrückte sie. Aber schlussendlich hat mich auch niemand daran gehindert, schlicht und einfach wieder Kind zu sein, das heißt: zu spielen.

Biographie und Theologie

Ich schildere diese Erinnerungen dankbar, denn sie prägen mich bis heute, auch wenn sie selbstverständlich längst nicht mehr eins zu eins das widerspiegeln, was ich damals empfunden haben mag. Wer weiß es. Inzwischen habe ich mich viele Jahre in der Theologie versucht, tue dies bis heute. Dabei ist Theologie für mich ein sehr weiter Begriff. Über Gott, den *möglichen* Gott, nachzudenken geht nur, wenn man dies in möglichst großer Weite tut. Theologie zu treiben heißt für mich zu lesen, aber eben nicht nur das, was man theologische Literatur nennt: Darüber hinaus lese ich Philosophie, Literatur, Zeitungen; Theologie zu treiben heißt für mich, Filme zu schauen und Musik zu hören, Kunst wahrzunehmen; Theologie zu treiben heißt für mich, mich in Kulturwelten zu bewegen, den vergangenen und den gegenwärtigen, mich in ihnen über *Gott* zu verständigen – auf diese Weise danach zu fragen, was es mit diesem Wort Gott auf sich haben könnte, präziser: möge. Und es heißt für mich, die Gesichter von Menschen lesen zu lernen, am Bahnhof, in der Stadt, im Fitnessstudio und wo auch immer. Denn über Gott nachzudenken, wobei ja nicht einmal zu wissen ist, ob Gott – und damit meine ich immer den freien Gott, den Gott, der etwas anzufangen, der zu handeln vermag – überhaupt existiert, dies ist gleichbedeutend damit, über den Menschen nachzudenken. Nicht, dass Gott nicht an sich selbst interessant wäre, und auch nicht, dass das, was im Begriff Gottes gedacht wird, dann notwendig nur menschliche Projektion sein müsste, will ich damit sagen. Aber wenn das Ich über Gott nachdenkt, ohne am Menschen interessiert zu sein, verliert es sich im Abstrakten, ins Weltvergessene. Allerdings kann es nicht nur das Ich sein, das in diesem Nachdenken vorkommt. In dieses Nachdenken nicht den anderen Menschen, dessen Freude und Lebensglück, dessen Nöte und Ängste, die unendlich vielen Menschen einzubeziehen, die längst gestorben sind, teils friedlich, einverstanden mit ihrem Leben, teils unter größten Qualen, nicht die Gottesfrage stets als Frage nach dem Menschen zu stellen, lässt diese zum Glasperlenspiel werden. Ja sie würde angesichts der so vielen, denen Schreckliches widerfuhr und widerfährt, schlicht zynisch. Gott ist ein Gott aller Menschen, oder aber der Begriff ist menschenverachtend.

Hermann Burger, der Literat aus der Schweiz, der sich 1976 das Leben nahm, einer dieser Schriftsteller, der heute kaum noch gelesen wird, hat auf die Frage, was er am meisten verachte, geantwortet: »Frömmigkeit und Geiz«.[4] Bezogen auf den Geiz kann ich nur unumwunden zustimmen. Geldfetischismus in seinen verschiedenen Spielarten ist immer vor allem eines, nämlich dümmlich. Bezogen auf das, was Burger Frömmigkeit nennt, unterscheide ich: ja, wenn es sich um diese nur um das eigene Ich kreisende Frömmigkeit handelt, um all diese Varianten von ›Spiritualität‹, in denen es um das eigene Seelenheil geht, besser müsste man sagen: darum geht, sich wohl zu fühlen auf Erden. Selbstverständlich ist es berechtigt, für den eigenen Seelenhaushalt zu sorgen, sich in den vielfältigen Dimensionen, die Menschsein ausmacht, um sich selbst zu sorgen. Allerdings beschleicht mich immer mehr der Verdacht, dass eine Vielzahl gegenwärtiger Spiritualitätstypen schlicht gottvergessen ist und den tief im Fleisch der Menschheit sitzenden biblischen Stachel der Gottesfrage gezogen hat.

Wo ist Gott?, so hat Johann Baptist Metz immer wieder erinnert, das sei die Frage, die biblisch im Zentrum stehe, und deshalb ist für ihn die Gebetssprache zumal alttestamentlicher Gottestraditionen auch eine »Leidenssprache, eine Krisensprache, eine Sprache der Anfechtung« und »keine Sprache der Überaffirmation«.[5] Es ist der Schrei nach Gerechtigkeit, das blanke Entsetzen angesichts der ungeheuerlichen Leidensgeschichte der Menschheit, das hier die Sehnsucht nach Gott stimuliert. Sich nicht einverstanden geben wollen mit der Welt, wie sie ist, ist das, was den Gottesbegriff formt. Nur ein Gott, der rettet, Gerechtigkeit zu schaffen und die Tränen abzuwischen vermag, ist ein Gott, den zu ersehnen sich lohnt. Aber es ersehnt diesen Gott nur, wer empathisch mit dem Menschen fühlt. Gott *ist* nicht einfach, präziser muss man sagen: Wie Menschen über den letzten Grund der Wirklichkeit denken, was sie als diesen Grund ersehnen, den sie dann möglicherweise Gott nennen, vielleicht sogar mit *Du* anreden, steht nicht fest. Die religiöse Frage und mit ihr auch die Gottesfrage werden vielmehr in geschichtlichen Prozessen geboren, und damit werden sie auch nach Kriterien entschieden, die von Menschen gemacht – und von ihnen zu verantworten sind.

Nur beginnt auch niemand, die Gottesfrage von einem Nullpunkt aus zu stellen. Jeder Mensch ist ein Universum, hat eine, präziser: *seine* Welt in seinem Kopf. Aber dieses Universum ist lebensweltlich, man kann auch schlicht sagen: durch Geburt und Herkunft geprägt. Man kann sich von Prägungen distanzieren, man kann sie akzeptieren, so dass sie zu eigenen werden. Aber sie existieren in jedem Fall in dem Bewusstseinsraum, den ein Mensch darstellt. Bevor der Mensch sich selbst bestimmt, ist er bereits bestimmt worden.[6] Jeglicher Aktivität geht eine nicht selbst ausgewählte Passivität voraus, die – und das darf nicht übersehen werden – zugleich die Bedingung dafür darstellt, sich überhaupt selbst bestimmen zu können. Das gilt für Geschmacksurteile, für Gewohnheiten, aber eben auch für religiöse Prägungen.

Und so sucht sich zunächst auch niemand seine Religion aus. Wenn Menschen sich religiös nennen, zu beschreiben versuchen, was ihre Religiosität ausmacht, so beschreiben sie zunächst das, was sie religiös prägt – und: wie sie das, was sie zunächst passiv religiös geprägt hat, bereits wieder umgeprägt haben. Im besten Fall ist das, was Menschen als ihre Religiosität beschreiben, das Ergebnis von selbstverantworteten Lernprozessen. Es werden eigene Erfahrungen gemacht, in den Zusammenhang erfolgter religiöser Prägungen gestellt, mit den Lebensentwürfen und -schicksalen anderer Menschen abgeglichen, es wird neu ausgedeutet. Und so transformiert sich das, was Menschen zunächst nur bestimmt hat, in ein Eigenes. Dies wird nie dazu führen, dass sich Menschen nun vollständig durchsichtig würden oder gar den religiösen Gefühlshaushalt einer totalen Kontrolle unterwerfen könnten. Aber das religiöse Empfinden wird kontrollierter, und: wer sich als bestimmt weiß, wird gelassener gegenüber dem, was andere Menschen bestimmt, ohne damit sogleich desinteressiert oder gar relativistisch werden zu müssen. Und erst recht wird, wer sich selbst sensibilisiert für die eigenen Prägungen und Menschenschicksale, entschieden auftreten gegen alle Fundamentalismen, die gnadenlos werden, weil sie borniert in der Falle der eigenen Selbstgewissheit feststecken. Immer wieder, bis heute wird der Neuzeit ihr Vernunftpathos vorgeworfen. Kein Geringerer freilich als Theodor W. Adorno, der angesichts der Gräuel des 20. Jahrhunderts im wahrsten Sinn des Wortes leidenschaftlich danach gefragt hat, wie jetzt noch Gedichte zu schreiben oder auch zu philosophieren sei, hat vermerkt: »Wenig übertreibt, wer den neuzeitlichen Begriff der Vernunft mit Kritik gleichsetzt.«[7] Adorno ist zuzustimmen. Denn Kritik meint neuzeitlich nicht nur Kritik des Anderen, sondern zunächst einmal Selbstkritik. Nichts befriedet deshalb auch eine Gesellschaft mehr, lässt den Individuen ihre Freiheitsräume, als die Fähigkeit zur Selbstkritik und damit Selbstrelativierung religiöser Überzeugungen und Weltanschauungen. Eine solche religiöse, vernunftgeleitete Selbstaufklärungspraxis ist aber bereits Theologie.

Wird Theologie wissenschaftlich betrieben, so geschieht dies – hoffentlich – kontrolliert. Aber zu meinen, in theologisches Denken gingen keine eigenen biographischen Prägungen ein, halte ich für abstrus. Ich nehme mich da nicht aus, mehr noch, ich bekenne mich dazu. Das damals Erlebte, meine damaligen religiösen Prägungen im mehr oder weniger katholischen Münsterland, dies alles existiert zwar für mich nur noch durch die Brille theologischer Reflexion hindurch. Ich verstehe heute, warum die Atmosphäre damals so war, wie sie war. Welche Form von Theologie diese geprägt hatte. Warum die Stimmung am Karfreitag so seltsam verdüstert war.

Aber ich kann nicht sagen, dass ich nicht immer noch innerlich bestimmt wäre von meiner katholischen Sozialisation. Wobei natürlich hinzuzufügen ist: Wie ich von *dem* sozialisiert wurde, was für katholisch gehalten wurde. Schließlich war auch dies geschichtlich geworden. Und auch die von mir erlebte eingedüsterte Karfreitagsstille war nicht die Stille aller Zeiten. Als sie sich – so wie ich es dann erlebt habe – wie selbstverständlich einstellte, wenn es Karfreitag war, es über Jahrhunderte kulturell eingeübt worden war, wie an diesem Tag zu empfinden war und dann auch tatsächlich so empfunden wurde, war bereits viel Theologie getrieben worden. Längst hatte das Denken sich der damaligen Ereignisse um die Kreuzigung Jesu bemächtigt, ihr Bedeutung gegeben. Dieser Prozess war unvermeidlich, denn schließlich wollten die, die glauben wollten, auch verstehen, und das heißt: sie wollten wissen, warum dem Leben dieses Menschen eine unendliche, erlösende Bedeutung zugeschrieben wurde.

Aber Theologie ist alles andere als unschuldig. Sie prägt schließlich Menschen, über liturgische Praxis, Baudenkmäler – über Bilder, Musik. Wer heute in der vorösterlichen Zeit, in der Karwoche, eine Aufführung der *Matthäuspassion* Bachs besucht, hört als Mensch, der in Christentumskontexten groß wurde, diese Musik nicht mehr neutral. Ein bestimmter Begriff des Christentums geht in das Hören ein, jedenfalls dann, wenn man den Texten überhaupt noch Beachtung schenkt und sich nicht darauf beschränkt, sich der Schönheit der Musik zu ergeben. Letzteres ist allerdings im Fall von Bachs *Matthäuspassion* alles andere als leicht.

Glaubenskrise – Gotteskrise?

Doch zurück zu meiner Kindheit, gewissermaßen auch zum Ausgangspunkt dieser Überlegungen. Den Begriff *Karsamstags-christologie* kannte ich damals noch nicht. Der begegnete mir erst viel später im Studium. Johann Baptist Metz hat diesen Begriff meines Wissens geprägt.[8] Der Begriff warnt davor, es sich mit Ostern zu leicht zu machen. Nur den Osterjubel hören zu wollen, aber den Verlassenheitsschrei Jesu am Kreuz und die daraufhin eintretende Stille zu verschweigen. *Wo ist Gott?*, mehr noch *Wo bleibt Gott?* – dies ist, ich hatte bereits daran erinnert, das Zentrum der biblischen Gottesfrage. Metz hat Recht. *So* ist die biblische Gottesfrage akzentuiert. Diese Fragen kamen in meiner Kindheit nicht vor. Wenn die Stimmung verdüstert war, Karfreitagsstimmung herrschte, so hatte dies einen anderen Grund. Es war die Rede von einer Schuld der Menschheit, die alles beherrschte. Für die musste Jesus am Kreuz sterben: für meine Schuld, für meine große Schuld. Aber wie soll *meine* Schuld durch Jesus am Kreuz gesühnt werden können? Wie soll ich an einer Tat Adams beteiligt gewesen sein? Diese mir schuldhaft anzurechnen sein? Oder aber ist die Ursünde keine Schuld im *moralischen* Sinn? Gehört sie zur ›Natur‹ des Menschen? Was soll eine Sünde dann unterscheiden von anderem Naturhaften? Und warum soll Gott, wenn man sich überhaupt auf diese Logik einer nicht schuldhaften Ursünde einlässt, dieses blutige Opfer gebraucht haben? Hätte er nicht einfach so verzeihen können? Weil er es wollte? Weil er nicht sein will wie der Mensch, der nur allzu oft ein Herz aus Stein zeigt? Das biblische Buch Hosea hat so argumentiert. Nicht vernichten will Gott hier sein Volk, obwohl er zornig ist über dessen Ungerechtigkeit; aber er will ihm nicht gleich werden – lieber ein Herz zeigen, das ein Herz aus Fleisch ist. Warum das kulturelle Gedächtnis des Christentums nicht vom Propheten Hosea geprägt wurde, sondern von Theologen, die wiederum auf eine harte Gerechtigkeit Gottes pochten oder doch jedenfalls sich Gottes Barmherzigkeitswillen nicht ohne blutige Sühne vorzustellen vermochten, ist eine andere Frage.

Verstanden habe ich das als Kind schon nicht. Und – jedoch lasse ich mich gern eines anderen belehren – mein Verdacht lautet: Auch viele andere haben es nicht verstanden, konnten die Logik von einer Schuld, die Sünde sein soll, und diesem entsetzlichen Tod am Kreuz für sich nicht übersetzen. Und was das mit der

Alltagswirklichkeit zu tun haben soll, wussten vermutlich auch viele nicht zu sagen. Ob das in vergangenen Generationen anders gewesen ist, weiß ich nicht zu beantworten. Vielleicht fiel es nicht so auf, mussten die meisten nicht Rede und Antwort stehen.

Dies hat sich zumindest hierzulande im letzten Jahrhundert rapide verändert. Es gibt eine massive Glaubenskrise, die nichts damit zu tun hat, dass Menschen keine religiöse Sehnsucht mehr hätten und nun nur noch verdiesseitigt, an materiellen Dingen, am kurzen Glück des Augenblicks oder auch der schnellen Lustbefriedigung interessiert wären. Das mag es alles auch geben, ja. Aber es gibt vor allem eine massive Sprachlosigkeit in Glaubensdingen. Man redet heute über Religion, das *eigene* religiöse Erleben; die Gottesfrage aber als Frage nicht nur für mich, sondern als die Frage der einen Menschheit, fällt heute weitgehend aus. Religion, so in den westlichen Gesellschaften, privatisiert sich – pflegt (von politisierten fundamentalistischen Gruppierungen abgesehen) ein von anderen gesellschaftlich-politischen Bezügen isoliertes, freiwillig in die *splendid isolation* gegangenes Dasein. Gemeinhin nennt man ein solches Dasein dann Spiritualität. Die neue Ökumene besteht darin: Lass' Du mir meine Religion, meine religiöse Erfahrung, und ich lass' Dir Deine. Alles ist gleich richtig, nichts ist falsch – nur über die, die an der Gottesfrage leiden, wird nicht gesprochen. Wenn mein Gott aber Bestand haben muss vor dem Gott der Anderen, so hat mein Gott sich auch den Gedichten einer Christine Lavant und dem Gott auszusetzen, der in den Filmen von Fatih Akin, dem deutsch-türkischen Regisseur, vorkommt. Kurz bevor ich aufhörte, an diesem Buch zu arbeiten, war ich in dem Film *The Cut* von Akin. *Gott hat kein Erbarmen* röchelt eine Frau, die im Sterben liegt, Opfer des Genozids an den Armeniern; um sie herum liegen Frauen, Alte und Kinder: die einen sterben, andere sind längst tot. *Erlöse mich*, bettelt sie ihren Schwager an, der sie gefunden hat, nachdem er selbst nur knapp dem Tod entronnen war, gemeint ist: *töte mich*, damit ich endlich befreit bin von dieser Hölle. Akin lässt die Kamera minutenlang die Szene frontal einfangen. Die Bilder sind schier nicht auszuhalten. Der Schwager erwürgt sie schließlich, erlöst sie so, hält danach die tote Frau liebevoll in den Armen. Die Bilder assoziieren nicht weniger als Pietàdarstellungen. Wer sich einmal diesen Darstellungen, wie Maria den toten Jesus auf dem Schoß hält, ausgesetzt hat, kann nicht anders, als so zu assoziieren. Akins Filmsprache will diese Erinnerung aufrufen. Und Gott?

Überhaupt ist ja nicht Religion, sondern Gott in die Krise geraten. Die Gottesgewissheit vergangener Generationen ist vielen Menschen längst abhandengekommen, und ich möchte hinzufügen: wenn es diese Gewissheit überhaupt je gegeben hat und sie nicht nur die Projektion einer guten alten Zeit derer darstellt, die über die Gegenwart, aus welchen Gründen auch immer, jammern. Dass dieser Glaube zusammenbrach, hat Gründe. Ein Grund dürfte sein, dass man es mit dem alten Gott, vor dem es sich zu fürchten galt, weil doch unterschiedslos alle gesündigt hatten und deshalb Strafe verdienten, dieser doch nur barmherzig sei, wenn er einige wenige rette, der überwiegende Rest aber durchaus gerechterweise der ewigen Verdammnis anheimfiele, nicht mehr aushielt. Dieser Gott war längst einen schleichenden Tod gestorben. Und für dieses Vermissen Gottes, eines erfahrungskonfrontierten Gottes, gab es im Raum der Kirchen keinen Ort. Dort kehrte Belanglosigkeit ein. Der alte Gott wurde ersetzt durch den familiengottesdiensttauglichen harmlosen Gott, der die Welt sonntäglich hübsch zu machen hat.

Inzwischen denke ich theologisch völlig anders, als ich es in meiner Kindheit erlernte. Die Sehnsucht nach Gott ist geblieben, ich verdanke sie meiner damaligen Prägung, meinem dann immer stärker sensibilisierten Blick auf die Geschichte und die Gegenwart. Aber auch die Skepsis ist größer geworden. Ob der Gott existiert, von dem ich zu gerne hätte, dass er existierte, von dem ich als Kind selbstverständlich ausging, ist nicht zu entscheiden. Dieser Gott entspringt einem Glauben. Es ist ein Gott, der seinem Schöpfungswerk so treu bleibt, der so menschenvernarrt ist, dass er selbst Mensch wird – und der als dieser Mensch von sich zu überzeugen sucht, dass er nichts anderes als frei lassende und treu bleibende Liebe ist. Zugleich ist dieser Gott ein Gott, der dem Menschen unendlich viel zumutet, wohl auch zumuten musste, weil er sich so nach einem anderen, nach einem freien Gegenüber sehnte.

Was zu erwarten ist in diesem Buch

Die hier vorgelegten Meditationen stellen den Versuch dar, sich nochmals neu dem zu nähern, was in den Kar- und Ostertagen in extrem verdichteter Weise symbolisch-liturgisch vergegenwärtigt wird. Es geht um den Versuch eines Begreifens dessen, was Christentum ausmachen könnte. Aber eben um einen Versuch, der sich auch radikal dem Zweifel stellt. Wenn ich von Meditationen spreche, so hat dies nichts mit dem zu tun, was in den Spiritualitätszentren der Gegenwart betrieben wird. Die dort beschworenen Wolken des Nicht-Wissens vernebeln nur den Geist. Wenn ich den Begriff *Meditationen* verwende, so ließe er sich vielleicht mit *Gedankeneinkreisungen* übersetzen. Wie ein Gedanke entsteht, ist ja nur schwer zu erklären. Er setzt bei etwas an. Aber was ist dieses Etwas? Ein Erlebnis? Die Erinnerung an einen Geruch? Eine Atmosphäre? An etwas Gehörtes oder Gelesenes?

Einen absoluten Nullpunkt kennt der Gedanke nicht; auch der Glaube kennt einen solchen Punkt nicht. Was geleistet werden kann, ist, sich im Denken zu kontrollieren. Auch dies wird nur begrenzt möglich sein, zu viel spielt sich hinter dem Rücken des Menschen, dem ›ich‹, ab, und überhaupt können wir nur in den Möglichkeiten denken, die uns unser Denksystem bietet. Aber das ist auch nicht wenig. Vor allem aber ist es möglich, sich im Denken zu kontrollieren, immer wieder neu kritisch gegen das zu werden, was gerade noch selbstverständlich, plausibel war. Denken ist meditieren, sich selbst kritisch meditieren. Sich selbst zu meditieren heißt dann, sich auf den Begriff zu bringen, sich Antwort auf die Frage zu geben: *Was ist das, was ich sein möchte, und: was erhoffe ich für mich, vielleicht sogar für alle anderen Menschen?* Wenn ich meditiere, denke ich und schweige mich nicht in ein Nichts hinein, in dem alle Kühe unterschiedslos grau sind. Grau ist das Leben ohnedies. Es gibt wunderbare Momente, und dann ergraut es wieder. Für ein unterschiedsloses Grausein ist das Leben jedenfalls zu ernst.

Ich möchte noch eine Bemerkung voranschicken für die, die sich den Gedanken dieses Büchleins aussetzen. Die starken biographischen Einfärbungen dieses Vorworts werden selbstverständlich nicht durchgehalten. Meine Überlegungen abstrahieren dann doch, heben das von mir als biographisch prägend Erlebte ins ›Allgemeine‹. Aber das ins Allgemeinbegriffliche Gehobene muss nicht notwendig erlebnis- und erfahrungsvergessen sein. Ich beanspruche, aus meiner Biographie heraus zu schreiben, versuche, Theologie zu treiben. Soll ich sagen, auch wenn der

Begriff antiquiert klingt, aus einer Notdurft heraus? Doch was bleibt? Niemand weiß, wie lang er lebt, wie viel Zeit ihm gegeben ist, selbstverständlich auch ich nicht: und deshalb schreibe ich jetzt. Biographisch ansetzend, aber allgemein. Jedes Gespräch, auch das zwischen denen, die schreiben, und denen, die lesen, geht nur, indem Begriffe verwandt, diese ausgetauscht werden, auch wenn das Erlebte gewiss mehr ist als der Begriff, anders formuliert: Der Begriff erlaubt zu verstehen, holt die Wirklichkeit, das Erlebte, aber nie angemessen ein. Was als Erlebtes zur Erfahrung gerinnt, hat bereits die Arbeit durch den Begriff hinter sich gebracht. So wird verstanden, was der Begriff Schmerz bedeutet, und dennoch ist das, was Schmerz ist, so individuell, ist er der Schmerz eines Individuums, eines individuellen Leibbewusstseins, so dass niemand wissen kann, wie sich der Schmerz eines anderen Menschen tatsächlich anfühlt – wie dieser seinen Schmerz erlebt. Dies gilt für physische Schmerzen, aber auch für den ganzen Komplex der Psyche eines Menschen. Soll aber gegenseitig verstanden werden, Nachdenken sein, so braucht es Begriffe – und es braucht Gründe. Mehr geht meines Erachtens nicht. Aber man sollte Gründe haben für das, was man aus der ›ich‹-Perspektive heraus denkt. Und das gilt auch für den Bereich von religiösen Empfindungen und Überzeugungen.

Selbstverständlich weiß ich, dass ich mich damit gegen einen religiösen Megatrend der Gegenwart richte. Wenn es, jedenfalls in den westlichen Kulturkontexten, heute um Religiosität geht, so scheint ein Agreement selbstverständlich zu sein: dass jede und jeder eben ihre und seine religiösen Erfahrungen hat, diese nur begrenzt mitgeteilt werden können – jedenfalls aber nicht angefragt werden dürfen. Über die Qualität von Sex gibt es heutzutage mehr Expertenwissen (überhaupt gibt es ja für alles Experten) als über die Qualität religiöser Erfahrungen. Wobei natürlich gefragt werden darf, was der Qualitätsbegriff hier meint. Erleben, intensiv erfahren, kann man vieles. Selbstverständlich habe ich, wenn ich mich auf Meditationspraktiken einlasse, entsprechende Erlebnisse. Aber diese Erlebnisse entsprechen eben der Organisation dieser Praktiken. Wenn ich spirituelle Erfahrung in einer sozialen Einrichtung zu machen suche oder auch mich im Kampf gegen Folter und Hinrichtungen wie bei *Amnesty international* engagiere, mich da engagiere, wo Menschen ausgebeutet, Frauen prostituiert werden, stellt sich die Gottesfrage anders als in den Spiritualitätstempeln westlicher Wohlstandszivilisationen.

Wenn dieses Buch den Titel *Gottes Schweigen* führt, dann deshalb, weil die Erfahrung dieses Schweigens für eine Moderne steht, die noch an der alten, im damaligen Israel aufgebrochenen Gottesfrage hängt, die den Schrei des gequälten, des gekreuzigten Juden Jesus von Nazareth noch hört – und die diese alten, hoffnungsgeschwängerten Glaubenstraditionen noch nicht kulturhistorisch archiviert hat –, die aber auch zutiefst verunsichert ist, ob tatsächlich noch geglaubt werden kann, dass da ein Gott ist. Gott war und ist ein Hoffnungswort, und Hoffnungen können enttäuscht werden. Eine philosophische, das heißt mit hinreichenden Gründen zu vergewissernde ontologische Garantie dafür, dass dieses Wort nicht nur ein Wort ist, gibt es nicht mehr. Der für dieses Modernitätsbewusstsein kennzeichnende Riss durchzieht, wenn ich mich nicht täusche, unendlich viele Menschen. Und das Schweigen Gottes berührt auch die Stille der Menschen, die nicht mehr leben können, nicht mehr wollen – die sich das Leben nehmen. Wer das Leben liebt, wird unweigerlich die Erfahrung von Kartagen machen, am eigenen Leib oder abzulesen bei anderen. Ein Grund zur Weltflucht ist daraus aber nicht abzuleiten.

Ich widme dieses Büchlein meinen Eltern. In Dankbarkeit für so vieles, für Struwen mit Rosinen und die Möglichkeit der Erinnerung daran, für ›Gerüche‹, für die Gerüche des Lebens, für religiöse Gerüche, dafür, groß geworden sein zu dürfen in diesen Glaubenstraditionen – für meine Kindheit. Nachfolgende Generationen haben es häufig in vielem leichter. Dies gilt auch für mich. Für die Generation meiner Eltern war es nicht leicht, sich aus einem Katholizismus zu befreien, der vor allem eines war, nämlich kleinlich, am realen Leben vorbeigehend, moralisierend – Religion auf bürgerliche Moral verengend. Hieraus auszubrechen, ist alles andere als selbstverständlich. Dazu gehört Größe, freimütiger Glaubensmut, Lebensrealismus. Dass es ihnen gelungen sei, jedenfalls ein wenig, wünsche ich ihnen. Ich kann es nur begrenzt abschätzen. Aber auch das gehört zum Leben dazu. Abschätzen zu müssen. Und sich irren zu können. Manchmal liegt man aber auch in seinen grundsätzlichen Einschätzungen gar nicht so falsch. Wer weiß.

Meditation I

Heinrich Heines Gottessehnsucht

Oder: Ein dem Diesseits verbundener Glaube

Im wirklichen Leben siege der Tod, in der Literatur das Leben. Notiert hat dies Urs Widmer, der unermüdliche Literat.[9] Widmer ist inzwischen auch gestorben, im Jahr 2014, nachdem ein Krebsgeschwür gemeint hatte, sich seiner bemächtigen, sich in ihn hineinfressen zu dürfen. Woher hatte dies Geschwür eigentlich sein Recht? Eine komische, damit aber noch nicht unberechtigte Frage. Der Mensch, das fragende Tier, verlangt nach Gründen. Und er ist nicht nur das fragende, sondern auch das trostbedürftige Tier. Da würde er zumindest gern verstehen, was ihm geschieht, um so – wenn auch vielleicht nicht Trost – doch immerhin Gründe zu haben. Und was heißt schon, Widmer sei inzwischen *auch* gestorben. Es ist die einzige hundertprozentige Gewissheit, die der Mensch hat: dass es zu Ende geht. Odo Marquard hat dies ironisch vermerkt; Trost aber hat er dieser Gewissheit, nur weil sie menschheitsumgreifend ist, nicht abgewinnen können. Wie auch immer, der Tod *ist.* Jedenfalls in diesem Fall gilt nicht, dass darüber, worüber man nicht reden könne, zu schweigen sei. Denn der Tod ist nicht nur einfach, sondern er ist verhängt. Durch wen oder was auch immer. Denn da er den Menschen unbedingt angeht, seine Unausweichlichkeit dem Menschen die Möglichkeit nimmt, sich ihm in einer kontingenten, das heißt auch: sich in einer sich ihm entziehenden Weise zu stellen, ist er Verhängnis. Er zwingt den Mensch in Lebensentscheidungen, in eine rabiate Ernsthaftigkeit.

Doch ist der Tod überhaupt das eigentliche Unglück des Menschen? Zumeist lassen sich Alternativen erwägen, auch in diesem Fall. Mensch zu sein, heißt: in Alternativen zu existieren. Des Menschen Los ist nicht nur, sterben zu müssen, sondern auch, alternativlos Alternativen entscheiden zu müssen, die für ihn gelten sollen. Die Rede vom Geworfensein des Menschen ins Dasein[10] bleibt blutarm, wenn man nicht diesen Aspekt der möglichen Selbstnormierung des Menschen, was für ihn gelten *soll*, *weil* es für ihn gelten soll, mitbedenkt. Kein Mensch hat sich ins Dasein gesetzt; von daher trifft die Rede vom Geworfensein einen Kern. Aber: Er kann sich immer noch dazu verhalten, ob er dieses Geworfensein akzeptieren will oder nicht. Ist angesichts der Unausweichlichkeit, mit der sich ein jeder Mensch dieser Frage zu stellen hat, jedenfalls die Nachdenklichen unter den Menschen, die Geburt das Ursprungsdilemma des Menschen? Ob nicht vielleicht geboren zu werden das eigentliche Unglück sei, wird bereits im biblischen Buch Hiob gefragt. Immer wieder begegnet diese Frage in der Literatur, und was über Jahrhunderte nach mangelnder Demut gegenüber dem Schöpfergott klang, auf Sünde hinauslief, wird immer häufiger ausgesprochen. In einem Johannes Brahms gewidmeten Text hat Hans Mayer an ein bestürzendes Glückwunschschreiben des Musikers an einen Freund anlässlich der Geburt von dessen Sohn erinnert: »Das Beste kann man ja in dem Fall nicht mehr wünschen – nicht geboren werden, soll's sein. Möge nun der neue Weltbürger solches nie denken, sondern lange Jahre sich des 7. Mais und seines Lebens freuen.«[11] Die Geburt datiert eben am 7. Mai, im Jahr 1877, und auch Brahms feierte an eben diesem Tag seinen Geburtstag. Resignation, Müdigkeit klingt aus diesen Zeilen. Das 19. Jahrhundert, die politischen, aber auch die kulturellen und religiösen Umbrüche sind weit vorangeschritten. Es gibt keine selbstverständliche Stabilität mehr in der Lebensorientierung, wenn es sie überhaupt je gab. Das wird ja immer wieder einmal von denen behauptet, die den Verlust der Mitte beklagen. Als ob es diese jemals gegeben hätte. Stabil, schicksalhaft stabil ist nur ein anderes geblieben: Ob er will oder nicht, muss der Mensch sich als Aufgabe übernehmen. Nicht einfach zu sein, nicht symbiotisch-instinkthaft wie andere lebendige Wesen in die Natur verwoben zu leben, sondern in Freiheit gestalten zu müssen, und noch dies dazu: eben darum zu *wissen*, das macht Menschsein aus. Überhaupt hat sich ja kein Mensch ausgesucht zu existieren, geschweige denn dies gewünscht. Und auch hat es sich niemand ausgesucht, sich zum Faktum des Geborenwordenseins verhalten zu müssen, sich zum Leben und dem kommenden Tod ins Verhältnis setzen zu sollen. Niemand ist – so paradox dies klingen mag – aus eigenem Willen heraus frei, *wollte* ursprünglich frei sein. Der Mensch *ist* es bereits, hat sich bereits in Freiheit gesetzt, bevor er beginnt, sich zu sich selbst als existierende Freiheit zu verhalten. In diesem Sinn ist er verdammt dazu, sich zum Faktum seines Freiseins verhalten zu müssen. Er kann das Faktum des Freiseins nur noch im Nachhinein übernehmen, es dann möglicherweise sogar einschließlich des Faktums des Geborenseins, schließlich die Grundvoraussetzung für Freiheit, gutheißen.

Das ist die Crux von Freiheit. Sie kommt sich in einem gewissen Sinn zu spät auf die Schliche, was ihre eigenen Voraussetzungen angeht. Sie vollzieht sich, bevor sie sich zum Faktum ihres Geborenwordenseins und damit zu ihrer vielfältigen Kontingenz und Endlichkeit zu verhalten beginnt. Wer überhaupt eine Frage stellt, *ist* bereits. Geboren. Gezeugt. Und dies ungefragt.

Ob nicht die Geburt das eigentliche Unglück des Menschen ist, werde ich in einer Meditation noch eigens bedenken; hieran schließt sich das Problem des Suizids an als der radikalsten Möglichkeit von Freiheit, sich zu sich zu verhalten.[12] Aber auch wenn man die Geburt nicht verteufelt, diese nicht zum Grundübel erklärt und lieber geboren sein will, so bleibt in jedem Fall die Härte des Todes – das sichere Wissen darum, künftig nicht mehr zu sein. Das Weizenkorn muss sterben, sonst bleibt es ja allein. So singt die christliche Gemeinde inbrünstig. Ich bin nicht sicher, ob das den Kirchenraum füllende Pathos so berechtigt ist. Was soll schon so schön sein am Tode? Am Nicht-mehr-Sein? Wenn das Bewusstsein erloschen sein wird? Nichts mehr von dem ist, was das menschliche Leben angesammelt hat an Erinnerungen, an Momenten des Glücks, aber auch an Verletzungen? Soll die Erinnerung an das Glück einfach fort sein? Sollen die erlebten Verletzungen nicht geheilt werden? Theologen kommen dann schnell mit himmlischen Aussichten, ich bin da nicht so sicher. Gerade wenn man sich aber die Aussicht auf ein solches Leben bewahren will, soll man wissen, was man da erhofft, glaubensgewiss behauptet.

Vom Tod Urs Widmers, dessen Bücher zu meiner Lebenswelt gehören, erfuhr ich nach einer Reise nach Paris. Es war im Frühjahr 2014. Paris ist eine wunderbare Stadt, in der man das Leben laufen lassen kann. Aber Paris ist auch aufgeladen mit Geschichte, die einem auf Schritt und Tritt begegnet. Die stählerne Moderne, der Glaube an den Fortschritt, symbolisiert im Eifelturm. Der Louvre mit seinen unendlichen Schätzen. Der Obelisk von Luxor, den Ramses II. in Theben errichten ließ und der dann schließlich nach Paris verschafft wurde, auf den Platz, auf dem nach der Revolution, in der es doch nicht nur um Gleichheit und Freiheit, sondern auch um Brüderlichkeit ging, schließlich die Guillotine wütete. Doch ist es nicht nur die vergangene Geschichte, deren Narben in Paris augenfällig sind. Auch die sozialen Gegensätze springen ins Auge. Luxusmöglichkeiten auf der einen Seite, nackte Armut auf der anderen Seite. Und was für Paris zu beobachten ist, gilt nahezu überall. Auch für Deutschland. Vielleicht sind die sozialen Härten stärker abgefedert. Das kann ich letztlich nicht beurteilen. Der Ballast der Geschichte freilich wiegt nicht nur hier unendlich. Berlin, Lissabon, Ruanda, Bagdad, El Salvador. Unzählige Namen von Orten und Ländern lassen sich längst nennen, die zum Synonym für Gewalt geworden sind. Teils reicht das historische Gedächtnis nicht einmal mehr, präzise zu erinnern.

Freiheitssehnsucht und Geschichtssensibilität

Von Paris erzähle ich nur deshalb, weil ich dort noch eine andere Begegnung hatte. Auf dem Friedhof Montmartre liegt kein Geringerer begraben als Heinrich Heine. Es war ein strahlender Vormittag an einem Sonntag im Frühling, als ich an seinem Grab stand. Heine, der nach Frankreich flüchten musste, der Freiheitskämpfer und der große Lyriker. Mit einem das Leben, das diesseitige Glück verratenden Glauben hatte Heine nichts zu tun. Sein entschiedenes Eintreten für mehr Gerechtigkeit, freiheitliches, aber eben auch materielles Glück, hatte ihn längst einem Christentum entfremdet, das meinte, den Menschen demütigen zu müssen unter der Sünde. Und auch ging es ihm nicht um das

Glück des Jenseits. In *Deutschland. Ein Wintermärchen* hat Heine dem Glücksverlangen des Menschen ein unsterbliches Denkmal gesetzt. Nur einige Verse seien zitiert:

Ein neues, ein besseres Lied,
O Freunde, will ich Euch dichten!
Wir wollen hier auf Erden schon
Das Himmelreich errichten.

Wir wollen auf Erden glücklich sein,
Und wollen nicht mehr darben;
Verschlemmen soll nicht der faule Bauch,
Was fleißige Hände erwarben.

Es wächst hienieden Brot genug,
Für alle Menschenkinder,
Auch Rosen und Myrten, Schönheit und Lust,
Und Zuckererbsen nicht minder.

Ja, Zuckererbsen für jedermann
Sobald die Schoten platzen!
Den Himmel überlassen wir
Den Engeln und den Spatzen.[13]

Angesichts dieser tatsächlich fortschrittsoptimistischen Verse, die an die Möglichkeit von gerechteren Gesellschaftsordnungen glauben, an Freiheit und Lebensmöglichkeiten für alle, höre ich bereits wieder die beschwörenden Warner. Ob man denn nach den Katastrophen des 20. Jahrhunderts, der entsetzlichen Gewalt, welche die Geschichtsutopien ausgelöst haben, der Massenvernichtung, noch so denken dürfe. Und ob sich die Hoffnung, es ließe sich eine gerechtere Ordnung, ein menschlicheres Leben realisieren, ohne auf Gott zu rekurrieren, nicht längst erübrigt habe. Wer wäre ich, zu leugnen, dass es unendliche Gewalt gegeben hat. Aber so wenig wie Religion – was immer das überhaupt sei – notwendig befriedend wirkt, so wenig führt ein direkter Weg von den Freiheits- und Gerechtigkeitsidealen der französischen Revolution zur Guillotine, in die sibirischen Vernichtungslager oder gar in die Gaskammern von Auschwitz. Es ist moralischer Stumpfsinn, eine empörende Dummheit, wie Hannah Arendt es trefflich auf den Punkt gebracht hat,[14] die bis heute dazu führen, dass Menschen meinen, andere erniedrigen oder gar vernichten zu dürfen. Wenn Heine dichtet, die Jungfrau Europa sei verlobt mit »dem schönen Geniusse der Freiheit«, sie lägen einander im Arm, und dann anschließt:

»Und fehlt der Pfaffensegen dabei,
Die Ehe wird gültig nicht minder –«[15]

so ist dem bis heute nichts hinzuzufügen. Auf Freiheit setzende Gesellschaften existieren aus sich selbst heraus, sie bedürfen zu ihrer Begründung, aber auch in der Frage, aus welchen ethischen Quellen sie schöpfen wollen, keiner religiösen Bevormundung. Es ist das Recht, das aus Vernunft gesetzt wird, das in diesen Gesellschaften gilt. Und wenn sich dieses Recht mit religiösen Überzeugungen deckt bezüglich der Frage, was dem Menschen an Ordnung entgegenkommt, seiner Freiheit und damit einem gedeihlichen Zusammenleben förderlich ist, umso besser. Intellektuellen wie Heine war dies sehr bewusst. Man wünschte sich, dass es seine Bücher wären, die es auf die Schreibtische von Religionsfunktionären und Geweihten schafften. Oder die eines Kant oder einer Hannah Arendt. Aber der Verdacht bleibt, dass sich auf diesen immer noch mehrheitlich oder gar ausschließlich Literatur tümmelt, die für die Freiheit des Menschen recht wenig übrig hat. Jedenfalls dann, wenn sich diese Freiheit anmaßt, selbst und das heißt, nach eigenen Maßstäben entscheiden zu wollen.

So entschieden Heine war, er auf den Pfaffensegen gut verzichten konnte, wenn es um die Freiheit ging, so hat er mit der Gottessehnsucht keineswegs gebrochen. Möglicherweise sind die Verhältnisse aber auch andere. Ist es überhaupt so, dass Freiheitseuphorie und Gottessehnsucht sich ausschließen? Oder aber lässt gerade die Erfahrung der Freiheit die Angewiesenheit des Menschen auf Gott ins Bewusstsein treten?

Bei dem heimatlos gewordenen Heine ist dies der Fall. Mich rührt es an, Verse auf seinem Grabstein zu lesen, welche die ganze Unruhe Heines atmen, aber eben auch seine Gottessehnsucht.

Wo?

Wo wird einst des Wandermüden
Letzte Ruhestätte sein?
Unter Palmen in dem Süden?
Unter Linden an dem Rhein?

Werd ich wo in einer Wüste
Eingescharrt von fremder Hand?
Oder ruh ich an der Küste
Eines Meeres in dem Sand?

Immerhin! Mich wird umgeben
Gotteshimmel, dort wie hier.

Und als Totenlampen schweben
Nachts die Sterne über mir.[16]

Mit Heimatduselei haben diese Verse nichts gemein. Selbstverständlich war Heine das Thema Heimat auch nicht einerlei. Er
hat wie ein Hund darunter gelitten, dass in seiner deutschen
Heimat politische Repression herrschte, nicht frei gedacht werden durfte, er nicht dort leben durfte, von woher er stammte.
Weit zu denken läuft nicht notwendig darauf hinaus, die eigenen
Wurzeln zu vergessen. Wenn das ›ich‹ des Gedichts, und es ist
davon auszugehen, dass Heine nicht nur sich, aber eben auch sich
gemeint hat, wenn dieses ›ich‹ von sich als dem »Wandermüden«
spricht, so klingt die ganze Not des aus politischen Gründen
Entwurzelten an. Irgendwann ist es gut, wird jeder Ort, wo endlich Ruhe herrscht, zu einer möglichen Heimat. Und sei es im
Tod.

Erdverbundenheit und Nichtakzeptanz des Todes

Auf einen Vulgärplatonismus, der da lautet *Deine Seele ist alles,
Dein Körper ist nichts* laufen diese Verse nicht hinaus. Nein, sie atmen einen der Erde verbundenen, materialistischen Geist. Damit
meine ich, dass es ihnen um die konkrete Existenz geht. Der
Mensch ist kein Geistwesen, dem sein Körper, seine Leiblichkeit
mit all den Begierden und Ängsten nur Beiwerk wäre. Wenn der
Körper gegenwärtig, so zwiespältig bis absurd so manche Kör-
perpraktiken der Gegenwart auch sind, derart stark betont und
der Eros ausgelebt wird, so hat dies auch damit zu tun, dass der
Mensch sich durch das Christentum selbst entfremdet wurde.
Obwohl man hier auch unterscheiden muss. Ob er sich tatsäch-

lich entfremdet wurde, wage ich nicht zu beurteilen. Er wurde es, sobald die christliche Doktrin zugriff, der Beichtstuhl zu dem Ort wurde, an dem die Identität festgestellt wurde durch geistlose Religionsfunktionäre, die meinten, den Menschen auf seine Sünde fixieren zu dürfen. Heine war zu sensibel für das Leben, um das billigen zu können.

Heines Gedicht akzeptiert den Tod nicht. Es ist der müde gewordene Heine, der, bei aller Liebe zu Paris, heimatlich entwurzelte und schließlich schwer an einer Krankheit leidende Heine, der diese Verse schreibt. Das *Immerhin!*, das der dritten Strophe den Auftakt gibt, weiß einen Trost. Aber es ist nicht so ganz klar, was das für ein Trost sein soll. Vom Gotteshimmel ist die Rede, der über den Toten steht, von den Sternen, welche als Totenlampen über dem Grab schweben, wo immer dieses auch sei. Aber es ist nicht zu vergessen, dass zur Zeit Heines der Gott, der als Zeichen seiner Treue das Symbol des Regenbogens gesetzt, der einen ewigen, unverbrüchlichen Bund mit seinem Volk geschlossen hatte, längst in die Krise geraten war. Die Hiobfrage, das Theodizeeproblem, hatte wieder zu nagen begonnen, nachdem es über Jahrhunderte still gestellt worden war durch eine Theologiedoktrin, die alles Übel mit einer vorzeitlichen Sünde des Menschen erklärt hatte. Die gedanklich Freien hatten längst realisiert, dass sich eine Theologie, die Gott um jeden Preis entlasten wollte von der erlebten Mühsal des Lebens, von den Schmerzen, die das Leben bereithält, auf dem Holzweg befand. Der Gott dieser Theologie starb ab, wurde verschwiegen. Das Vermissen Gottes wurde längst wieder gespürt, jedenfalls durch die moralisch Sensiblen und die für die Abgründigkeiten des Lebens Empfindlichen.

Das Verlangen nach dem allmächtigen Gott

Deshalb wurde in den intellektuellen Eliten längst eine Gottes-alternative diskutiert. Während Israel mit einem Gott rechnete, der der Geschichte mächtig ist, mit einem – auch wenn dieser Begriff erst später in seinen Bedeutungsdimensionen[17] vollends ausgelotet wurde – allmächtigen Gott, deutete sich seit einiger Zeit eine Alternative an. Ist Gott, so lautet die zentrale Frage, überhaupt personal zu denken? Gibt es überhaupt einen Unter-schied zwischen Gott, dem Absoluten, und dem Endlichen? Oder aber ist alles in Gott einbegriffen, das heißt am Ende: Ist Gott das All-Eine? Alles Endliche insofern göttlich, als das Göttliche nur als das ins Endliche Ausdifferenzierte ist?

Man darf die intellektuelle Faszination dieser Alternative nicht unterschätzen. Und sie hält ja auch bis heute an, wenn immer wieder zu hören ist, Gott sei nicht nur personal, sondern auch apersonal; er sei größer als alles, was der Mensch begreifen könne, mithin auch nicht in der Weise als personal zu begreifen, wie Menschen sich für Personen halten. Und der gravierendste Einwand gegen einen personalen, was ja dann auch heißt: freien Gott ist eben bis heute die jede Redlichkeit im Glaubenwollen bedrängende Theodizeefrage. Wo ist dieser Gott? Warum greift er nicht ein, wenn Menschen schmerzverzerrt nach ihm schreien? Heißt es nicht biblisch, wer bittet, dem wird gegeben?

Heine kannte selbstverständlich die intellektuellen Gottesde-batten seiner Zeit. Was ich gerade als Alternative zum Gott Isra-els angedeutet habe, verbindet sich bis heute mit dem Namen Spinoza. Spinoza war um 1800 und in den Jahrzehnten danach in aller Munde. Man hielt nicht mehr eins zu eins an ihm fest. Aber an seiner Grundintuition, dass das Endliche ein Moment – Spinoza verwandte den Begriff Attribut – des Absoluten sei, bas-

telte man fleißig weiter. Hegel war diesbezüglich der wohl reso-
luteste. Was sich ereignet, sich im Diesseits objektiviert als Geist,
war für Hegel nichts anderes als Selbstwerdung des einen Absoluten. In allem ist das Unendliche anwesend. Gelingend dann,
wenn sich das Endliche als Realisierungsform und damit als
Moment des Sich-selbst-bewusst-Werdens des Unendlichen im
Endlichen weiß. Ein Hadern mit der Geschichte, mit deren Abgründigkeiten, kann es dann nicht geben, wenn alles eins ist.

Was als abgründig erlebt wird, ist dies dann nur noch vermeint-
lich.

Es war ein qualvolles Leiden, das Heine im Jahr 1848 ereilte.
Nicht ganz klar ist, woran er tatsächlich litt. Aber dass die acht-
jährige Leidensphase von extremen Schmerzen geprägt war, ist
gewiss. Sein Bett, das er die »Matrazengruft« nannte, konnte er
kaum noch verlassen. Geistig aber blieb Heine hellwach. Diese
Gruft sei »ein Grab ohne Ruhe«, ein »Tod ohne die Privilegien
der Verstorbenen«: Man habe ihm »längst das Maß genommen
zum Sarg, auch zum Nekrolog«. Aber er sterbe so langsam, dass
dieses »nachgerade langweilig« werde für ihn und seine
Freunde.[18] Will sagen: Heine fühlte sich wie ein Toter unter Lebenden und dies bei vollem Bewusstsein. Wenn Jean-Paul Sartre
später vom Blick der anderen spricht, der auf dem ›ich‹ liege, den
dieses spüre,[19] den Sartre freilich als Einschränkung von Freiheit
verstand, eine Idee, auf die Heine nie gekommen wäre, weil er
vor einer solchen Abstraktheit gefeit war, so ahnt man die Not
der Sterbenden: Es ist dies Angeblicktwerden durch den Anderen, als sei man bereits tot.

Heine ist absolut ehrlich angesichts seiner Konversion zum Gott
der Bibel. Ganz schlicht bemerkt er, dass er »der Barmherzigkeit
Gottes bedürftig« geworden sei. Nichts anderes ist damit gemeint, als dass er, den Tod vor Augen und sich mit seinen

Schmerzen quälend, das alte Sehnsuchtswort Gott nun nochmals neu entdeckt. Ist das peinlich? Nein. Heine hat sich erhebliche Vorwürfe anhören, ja Spott über sich ergehen lassen müssen durch seine »aufgeklärten Freunde«. Der »gesamte hohe Klerus des Atheismus« habe sein »Anathema« über ihn ausgesprochen. Es gebe »fanatische Pfaffen des Unglaubens«, die ihn gerne auf die Folter spannen würden, damit er seine »Ketzerein bekenne«.[20] Heine lässt sich nicht beirren, und noch weniger lässt er sich in der Frage beirren, welchem Gott seine Sehnsucht gilt. Er begehre einen Gott, »der zu helfen vermag«, sprich: der dem Tod seine Allmacht entgegenhält. Deshalb müsse man auch »seine Persönlichkeit, seine Außerweltlichkeit und seine heiligen Attribute, die Allgüte, die Allweisheit, die Allgerechtigkeit usw. annehmen.«[21] Der Gott der Pantheisten hingegen, der Gott des All-Einen mithin, sei »im Grunde gar kein Gott«.[22] Pantheismus ist für Heine nichts anderes als Atheismus.

Gott? Eine Wette aus einem Bedürfnis heraus

Ob dieser Gott ein Gott ist, ist eine Frage der Festlegung, muss man natürlich hinzusetzen. Es gibt Alternativen des Gott-Denkens. Die eine läuft auf den Gott Spinozas, den Gott eines All-Einen, die andere auf den Gott Heines hinaus. Für Heine ist es das Bedürfnis nach Rettung, nach Rettung der eigenen Biographie, und – Heine war nicht nur politischer Universalist, von der Egalität aller überzeugt – das Bedürfnis nach Rettung aller, der Zukurzgekommenen und Gedemütigten zuerst, aber auch noch derer, die anderen Menschen Abscheuliches angetan haben. Zumindest traue ich Heine dies zu – auch wenn ich keine Belege dafür wüsste, dass er zum religiösen Universalisten mutiert

wäre. Aber man kann ja reden. »Auf dass ein Gespräch wir sind«,
hat sein Zeitgenosse Hölderlin einmal gedichtet. Über solche
Fragen, über die Reichweite der Hoffnung gilt es zu reden. Darin
drückt sich das aus, was dem Menschen möglich ist. Über kleri-
kale Enge lohnt es sich nicht zu reden. Gegen die polemisiert
Heine nur solange an, wie sie andere Menschen erdrückt. Dass
diese Zeiten größtenteils vorbei sind, ist nicht Werk Gottes. In
die Freiheit des Menschen greift er nicht ein, weil er nicht in sie
eingreifen kann. Es ist das Verdienst von streitbaren Geistern wie
Heine, deren Freiheitssehnsucht, dass sich bis heute immer wieder Stimmen erheben, wenn die Freiheit sich nicht entfalten darf.
Und solange diese Freiheit existiert, wird auch immer wieder die
Sehnsucht nach dem freien Gott aufbrechen. Denn die sich so
wollende Freiheit ist eine radikal endliche, ins Leben hineinge-
worfene – eine zerbrechliche und moralisch sensible für das ge-
schundene Leben. Menschliche Freiheit kann dies jedenfalls sein,
sich so sensibilisieren.

Urs Widmer hat anlässlich der Verleihung des Petrarca-Preises
eine Dankesrede gehalten. Das tut man so, Widmer hat sich dem
nicht entzogen. Vermutlich wollte er es auch nicht. Warum auch,
wenn man etwas zu sagen hat. Er wolle nicht mehr von den letzten Dingen reden. Nein. Er sehne sich nach »einem Ort und einer
Zeit, wo wir wieder von ersten Dingen« redeten: »Von der Leidenschaft, die in Eva entbrannte, als sie Adam sah.«[23] Das hätte
Heine gefallen, diesem leidenschaftlich ins Leben Verliebten.
Widmer lässt seine Rede mit einer Erinnerung an den unsterb-
lichen Karl Valentin enden: »Karl Valentin, der ein Leben lang
Angst vor dem Sterben hatte, sagte, als er starb, jetzt habe ich ein
Leben lang Angst vor dem Sterben gehabt, und jetzt das.«[24] Es
bleibt einem eben nichts erspart. Nur weil man weiß, dass man
auf den Tod zuläuft, ist die Vorstellung, tot zu sein, immer noch

eine gräuliche Vorstellung. Wenn ich dann tot sein werde, *weiß* ich zwar nicht, dass ich tot bin. Jedenfalls weiß ich es dann nicht, wenn kein Gott ist – wenn der Gott nicht ist, den Heine beschworen hat. Aber dieses Wissen um das zukünftige Nicht-Wissen tröstet mich nicht, da es das Nicht-Wissen von niemandem ist. Aber es leidet eben auch nur am Tod, wer das Leben liebt. Im Paradies gab es nur Gott und die Tiere, aber als Eva Adam anschaute, die Leidenschaft in ihr entbrannte und Adam sie erwiderte, er vom Baum der Erkenntnis aß, brach ein Reich der Freiheit auf. Karl Valentin, Urs Widmer, Heinrich Heine und all die anderen, die in diesen Meditationen zu Wort kommen, sind Kinder Evas. Tödlich beleidigt, bedrückt, weil der Tod so gewiss ist. Und doch leidenschaftlich in das Leben verliebt. Und deshalb machten sie es sich auch alles andere als einfach mit Gott. Nur wer das Leben liebt, nicht nur von Augenblick zu Augenblick genießt, sondern dieses Leben liebt und auch den Anderen wahrnimmt, hadert mit Gott.

Hans Holbein der Jüngere: »Toter Christus«

Oder: Doch nur einer von uns?

Es ist ein grauenhaft realistisches Bild, das Bild eines Gefolterten und dann Hingerichteten, das Hans Holbein der Jüngere (1497–1543) gemalt hat: *Der Leichnam Christi im Grabe* (1522/21). Ich hatte noch eine dunkle Erinnerung an dieses Bild, konnte mich erinnern, es bereits einmal gesehen zu haben, als ich ein Buch von *Julia Kristeva* über die Melancholie las.[25] Ich konnte mich gut erinnern, wie das Bild einen ungeheuren Eindruck bei mir hinterlassen hatte. Ob ich es damals so betrachtete, wie ich es heute betrachte, ausdeute, vermag ich nicht zu sagen. Die Welt des Bewusstseins ist nicht starr, sie unterliegt dem Wandel.

Überhaupt ist es ja erstaunlich, wie sich eine Bewusstseinswelt, und eine Bewusstseinswelt ist eine Gedächtniswelt, aufbaut. Das menschliche Bewusstsein ist aufgefüllt mit Geschichten und Bildern; immer bereits ist es strukturiert, bestimmt und geprägt. Menschen meinen sich frei, und sie sind es auch. Aber: Sie werden zunächst einmal geprägt. Und diese Prägungen finden in Kulturräumen statt. Sich selbständig orientieren zu wollen, kann deshalb immer nur relativ, bezogen auf diese Räume, gelingen. Und dies gilt auch für die religiöse Orientierung.

Kreuzesbrutalität

Kreuze gehören zu meinen frühesten Kindheitserinnerungen. Ein graues, nur aus Balken bestehendes Kreuz ohne Corpus, ist aus meiner Kindheit nicht wegzudenken. Es hing in meiner Heimatkirche, einer Nachkriegskirche. Dieses Kreuz war notdürftig zusammengezimmert worden aus Balken, die man in den Trümmern eines zerbombten Gebäudes gefunden hatte; man hatte nichts anderes, als man diese Kirche baute. Aber gerade so atmete die Kirche die konkrete Geschichte. In den 70er Jahren wurde es dann ersetzt durch ein anderes Kreuz mit einem spätgotischen Corpus – mit dem Corpus eines Hingerichteten, der sehr realistisch zeigt, wie qualvoll dieses Sterben gewesen sein muss. Walter Jens hat dem Abschnitt aus dem Matthäusevangelium eine angemessene Übersetzung ins Deutsche gegeben. Man ahnt, worum es denen, die Jesus sterben sehen wollten, ging. Sie wollten ihn demütigen, quälen, ihm jegliche Würde nehmen: »Dann brachten Pilatus' Soldaten den Mann zum Palast des Statthalters, wo die Kasernen waren, und zogen dort die ganze Mannschaft zusammen, denn sie wollten ihn quälen. Sie nahmen ihm die Kleider weg, hängten ihm einen ihrer roten Mäntel um, setzten ihm einen Dornenkranz auf – geflochten aus Distelgestrüpp –, legten einen Rohrstock in seine Rechte, fielen vor ihm auf die Knie und verspotteten ihn ›Heil dir‹, riefen sie lachend, ›König der Juden‹. Dann spuckten sie ihn an, nahmen ihm den Stock aus der Hand, schlugen ihm damit auf den Kopf. Peitschten ihn und zogen ihm schließlich den Soldatenmantel wieder aus, gaben die eigenen Kleider zurück und führten ihn zur Kreuzigungs-stätte.«[26] Man muss den Abschnitt aus dem Matthäusevangelium von seiner theologischen Überformung zunächst wieder befreien, um den ganzen Realismus dieser grauenhaften Szene wahrzunehmen; so wurden und werden Unzählige zu Tode gebracht: erniedrigt, psychisch und physisch gequält. Systematik stand und steht dahinter, man will Menschen zerbrechen. Sadisten waren es, die sich damals erdachten, wie man einen Menschen möglichst lange quälen kann. Alles andere als zufällig war es, wie man diesen Menschen zu Tode folterte. Man wollte ihn möglichst lange bei Bewusstsein halten. Deshalb auch der Klotz in der Mitte des Kreuzes, an das Hände und Füße genagelt waren, nachdem Jesus schon entsetzliche Qualen durch das Auspeitschen erlitten hatte. Der Jude Jesus sei »nicht gestorben«, so Jens, sondern »wahrscheinlich mit einem letzten, nicht mehr artikulierten Schrei dahingegangen.« Und Jens fügt hinzu: »Ein Schrei, ein Gebet: ›Ein Gespött der Menschen bin ich und dem Volk verachtet‹ (so der Wortlaut des 22. Psalms).« Hat Jesus überhaupt noch gebetet? Oder hat er nur noch geschrien? Niemand weiß es. Bevor aber theologisiert wird, dieser Geschichte eine Bedeutung gegeben wird, die über diesen grauenhaften Tod hinausreicht, muss die entsetzliche Härte dieses Leidens wahrgenommen werden. Hier stirbt kein Mensch, hier wird vielmehr ein Mensch auf eine Weise gefoltert, über Stunden, bis er nur noch einen geschundenen Körper darstellt – und der dann verreckt: *Ecce homo*. Zunächst ist dieser Jude Jesus von Nazareth einer, der wie so unzählige Andere der Geschichte zum Opfer menschlicher Bosheit und eines zum Himmel schreienden Sadismus geworden ist.

Von daher war das gotische Kreuz in meiner Heimatkirche der Passion dieses Menschen näher. Das alte Kreuz vermisse ich dennoch, viele Jahr später und obwohl die Kirche nicht mehr meine Kirche ist, ich sie nur noch sporadisch betrete, bis heute. Es war nüchtern, ehrlich. Nach dem Krieg, vor allem nach dem massenhaften Morden, das von deutschem Boden ausging, war es in seiner ganzen Kargheit grundehrlich. Es entsprach nicht dem, was man bei einem Kreuz erwartet. Es hing schlicht in der Kirche. Ein Kreuz in einer unbedeutenden Kleinstadt, grau wie Großteile dieser Stadt, in der Kirche einer Gemeinde, ehemals vom Arbeitermilieu geprägt, die sich langsam zu einer kleinstädtischen, bürgerlichen Gemeinde wandelte. Nicht mehr, nicht weniger. Das Leben ging hier seinen Gang.

Das Massenmorden kam, wenn ich mich recht erinnere, im Katholizismus meiner Kindheit nicht vor. Der Pfarrer, der meine Kindheit prägte, war noch ein typisches Gewächs der weit in das 20. Jahrhundert hineinreichenden Geisteswelt des 19. Jahrhunderts. Ein wenig autoritär, aber mit größtem sozialem Engagement, davon überzeugt, dass eine Gesellschaft ohne Religion zugrunde gehen würde. Und dass der Katholizismus die einzig wahre Religion sei, war für ihn so klar, dass er nicht einmal auf die Idee gekommen wäre, dies zu hinterfragen. Zum Priester geweiht wurde dieser Pfarrer 1936. Dass man bestimmte Dinge nicht tut, es in Gott verankerte sittliche Grundsätze gibt, war unantastbar. Deshalb waren für ihn die Nazis indiskutabel. Mit einer offenen, aus religiöser Bevormundung gelösten Zivilgesellschaft hatte er dennoch nichts zu tun. Ich erzähle dies, weil es dieser Pfarrer war, der das schlichte graue Kreuz schließlich ersetzte durch eben das Kreuz mit dem spätgotischen Corpus, das die Leidensmystik des 14. Jahrhunderts widerspiegelt. Für ihn war dies zweifelsohne stimmig. Er wollte das Symbol des leidenden, schändlich hingerichteten Jesus wieder sichtbar machen. Das graue Holzkreuz war ihm zu wenig. Es dürfte aber auch bei ihm eine Rolle gespielt haben, ob nun bewusst oder nicht, dass dieses gotische Kreuz anders in der Lage war, eine Theologie vom Fall der Menschheit, der Sünde, und der Wiedergutmachung dieser Sünde durch den Gottessohn im Gedächtnis der Gemeinde aufzurufen.

Und dann die Wiederbegegnung mit dem Kreuz von Holbein vor einigen Jahren. Ich vermute, ich hatte es zum ersten Mal während meines Studiums gesehen. Und dann bei Kristeva. Kristeva erinnert daran, dass das Bild in *Der Idiot* von Dostojewski eine zentrale Rolle spielt. Bevor ich auf das Bild zu sprechen komme, gebe ich die Textstelle aus *Der Idiot* wieder, die auch Kristeva zitiert. Besser kann man nicht beschreiben, was auf dem Bild zu sehen ist: »Auf dem Bild ist Christus dargestellt, unmittelbar nach der Kreuzabnahme. Mir kommt es so vor, als ob die Maler es sich zur Gewohnheit gemacht hätten, Christus sowohl am Kreuz als auch nach der Kreuzabnahme immer noch mit dem Schein außerordentlicher Schönheit auf Seinem Antlitz darzustellen; diese Schönheit wollen sie Ihm sogar bei den furchtbarsten Qualen erhalten. Auf [... dem Bild, M.S.] jedoch kann von Schönheit nicht die Rede sein; es ist die genaue Abbildung des Leichnams eines Menschen, der schon vor der Kreuzigung unendliche Qualen ausgestanden hat, die Wunden, die Marter, die Schläge der Wachen, die Schläge des Volkes, als Er das Kreuz trug und unter dem Kreuz zusammenbrach, und am Ende die Kreuzigung und das Leiden am Kreuz, mindestens sechs Stunden lang (nach meiner Rechnung wenigstens). Freilich, es ist das Antlitz eines Menschen *unmittelbar* nach der Kreuzabnahme, das heißt, in ihm ist noch sehr viel Leben und Wärme; noch ist nichts erstarrt, so daß aus dem Gesicht des Toten sogar das Leiden noch nicht gewichen ist, gerade so, als fühle er es immer noch (das hat der Künstler sehr gut eingefangen); dafür aber hat er das Gesicht nicht im geringsten geschont; hier ist nichts als Natur, und wahrlich, so muß der Leichnam eines Menschen, wer er auch sei, aussehen nach solchen Qualen.«[27]

Reine Konzentration auf die »Sünde«

Ich komme auf diese extrem genaue Beschreibung eines unter unendlichen Qualen zu Tode gebrachten Menschen gleich zurück. Es gilt aber zunächst, sich über die Zeit im Klaren zu sein, in der Holbein seinen toten Christus malte. Wir befinden uns im Zeitalter der Reformation. Holbein ist später selbst zum Protestantismus konvertiert. Dass es in der Reformation zentral auch um Fragen der Kirchenreform ging, Luther ein pervertiertes verkirchlichtes Christentum reformieren wollte, ist das eine. Wobei aus Gründen der historischen Gerechtigkeit nicht zu vergessen ist, dass auch Luther politisch alles andere als ein Aufrührer war. Ihn als direkten Vorkämpfer politischer Freiheitsrechte stilisieren zu wollen, geht an der Realität vorbei. Und dennoch hat er, indem er darauf bestand, dass ein jeder Mensch unvertretbar vor Gott stehe und niemand dem einzelnen Menschen seine Gewissensentscheidung abnehmen könne, einen erheblichen Einfluss darauf gehabt, dass sich diese Idee individueller Verantwortung durchsetzen konnte. Luthers *Hier stehe ich und kann nicht anders* auf dem Wormser Reichstag mag sich der Legendenbildung verdanken. Gleichwohl entspricht es eben dessen Intuition, unmittelbar vor Gott zu stehen. Legenden sind Legenden, müssen nicht wahr sein. Damit sind sie aber auch nicht einfach falsch und können eine enorme Wirkungsgeschichte entfalten. Biblische Erzählungen sind meistenteils auch nicht anders zu betrachten.

Das andere aber ist, dass die Gottesfrage und mit ihr die Frage nach dem Menschen in dieser Zeit mit Wucht neu aufbricht. Luther dachte augustinisch, und das heißt: konzentriert auf die durch die Sünde verdorbene Natur des Menschen. Wie Gott gnädig zu stimmen sei, war die Frage, von der er zutiefst verängstigt umhergetrieben wurde. Die Angst vor ewigen Höllenqualen hatte sich in ihm wie in unzähligen anderen festgesetzt. Und seine Menschenkenntnis war genau genug, um zu wissen, dass der Mensch nur begrenzt über seinen Willen verfügt. Nicht nur, dass er immer wieder anderes tut, als er wohl wollte; der Wille fügt sich nicht – und der Mensch weiß darum. Paulus bereits hatte hier die Faktizität der Sünde festgemacht, Luther folgt ihm an dieser Stelle. Aber auch der Glaubenszweifel und mit ihm die Traurigkeit galten ihm als Sünde. Denn wer traurig ist, verharrt im Zustand der Sünde, anstatt sein Erlöstsein anzuerkennen. So versteht sich, warum Luther innerlich gequält war von der Frage, wie Gott gnädig zu stimmen sei, und zwar der Gott, der doch selbst alles getan hatte, ja selbst seinen Sohn hingegeben hatte, um sich mit der sündig gewordenen Menschheit versöhnen zu können. Es ist noch nicht der moderne Glaubenszweifel, der Luther quält. Dass Gott nicht existieren könnte, der Mensch das einsamste Wesen überhaupt sein könnte, ja: das Wesen, das in die Weite des Alls blickt und keinen Gott mehr zu erkennen vermag. Von einer trostlosen Einsamkeit, die ihren Grund darin hat, dass der Mensch sich mit der Tödlichkeit des Lebens nicht abfinden mag, ihm der Himmel aber leer zu sein scheint, von keinem Gott mehr bewohnt, so dass niemand in den Blick kommt, der zu retten vermöchte, ist bei Luther noch nicht die Rede. Gott ist noch eine Selbstverständlichkeit. Luther ist deshalb noch ganz konzentriert auf die Frage, was der Mensch tun muss, um ein Gerechter vor Gott zu sein.

Luthers Antwort auf diese Frage war einfach und genial zugleich. Nichts, schlicht nichts muss der Mensch von sich aus tun. Ob er nicht zumindest einstimmen müsste, lasse ich als Frage außen vor. Ich meine schon, weil alles andere ausgerechnet das übergeht, worin der Mensch seine größte Würde erfährt, ein Wesen der Freiheit zu sein. Aber das ist nicht der Punkt, der uns hier beschäftigen soll.

Ich komme zurück zu Holbein, zu dessen Gemälde vom toten Christus. Es ist der Körper eines Gefolterten, der gezeigt wird, extrem realistisch. Der Körper ist ausgemergelt, die ganze Qual, die einem so Hingerichteten widerfährt, hat Holbein ins Bild gesetzt. Die Wunden sind deutlich sichtbar. Und: Wer das Bild betrachtet, wird von einer Enge beschlichen. Der Tote liegt in einem engen Sarkophag, die den Innenraum abdeckende Platte wiegt schwer. Der Blick des Toten ist dem Betrachter zugewandt, der im Wundkrampf erstarrte Zeigefinger weist den Betrachter auf sich hin. *Ecce homo.* Siehe, ein Mensch. Auffällig ist, dass Holbein zur Gänze darauf verzichtet hat, auch nur irgendwelche Indizien für die Göttlichkeit dieses Menschen zu geben. Die Darstellung beschränkt sich völlig auf das Menschliche, der Leib Jesu ist reduziert auf den Körper eines Menschen, dem extremste Qualen zugefügt wurden. Und vor allem gibt es keine Anzeichen von Zukunft. Das Bild zeigt einen Toten, der auf sich als einen Toten zeigt. *Ecce homo.* Kein Licht, keine Auferweckungshoffnung.

Es ist schon erstaunlich, dass Holbein im Zentrum des Reformationsgeschehens den toten Gekreuzigten zeigt, ohne auch nur im Geringsten auf die theologischen Zwistigkeiten seiner Zeit einzugehen, die – so unterschiedlich die Antworten auch ausfielen – doch den Ausgangspunkt teilten. Immer ging es um die Frage, wie dem Sünder Rettung zuteil wird. Hat Holbein bereits eine ganz andere Ahnung beschlichen? Dass es sich bei dem Gekreuzigten nur um eines der unendlichen zu Tode gefolterten Opfer der Weltgeschichte handeln könnte? Und hat er womöglich auch bereits Zweifel an der Vorstellung gehegt, dieser Tod sei das notwendige Strafleiden des Gottessohnes, damit sich der Vater mit der Menschheit versöhnen könnte? Einer so unermesslich in die Sünde verstrickten Menschheit, dass eigentlich alle nur noch die ewige Verdammnis verdienten?

Ich schreibe diese Zeilen am Karfreitag 2014. Die Liturgie des Nachmittags war, wie sollte es in der Liturgie auch anders sein, bis auf wenige Nuancen so wie immer. Die Stimmung bedrückt, nicht mehr so bedrückt, wie sie dies in meiner Kindheitserinnerung war, aber eben doch deutlich zurückgenommen. In unzähligen anderen Gottesdiensten weltweit wird dies so gewesen sein. Verwundern tut mich dies nicht. Wer als erwachsen gewordener Mensch zu einer Karfreitagsliturgie geht, dem ist eine ungebrochene, dann allerdings auch vom Weltgeschehen unbeleckte Fröhlichkeit abhandengekommen. Vom Tod ist die Rede, vom Weizenkorn, das sterben muss. Von der Sünde nicht ausdrücklich. Als das Lied *O Haupt voll Blut und Wunden* von Paul Gerhard angestimmt wird, bin ich froh, dass nur die ersten drei Strophen gesungen werden, nicht aber die vierte:

Nun, was du, Herr, erduldet,
Ist alles meine Last;
Ich hab' es selbst verschuldet,
Was du getragen hast.
Schau her, hier steh' ich Armer,
Der Zorn verdienet hat;
Gib mir, o mein Erbarmer,
Den Anblick deiner Gnad'!

Auf die theologische Logik, die hinter diesem Text steht, werde ich noch eigens zu sprechen kommen. Schon als Kind habe ich mich gefragt, warum ich schuld gewesen sein soll daran, dass man diesen Jesus so fürchterlich zu Tode gebracht hat. Albert Camus hat in *Die Pest* den mit seinen Glaubenszweifeln ringenden, darüber zum Agnostiker gewordenen Arzt Rieux angesichts eines Kindes im Todeskampf sprechen lassen, er werde sich bis in den Tod hinein weigern, eine Schöpfung zu lieben, in der Kinder gemartert werden.[28]

Ich bin nicht sicher, ob ich so weit gehen würde. Selbstverständlich ist das Leiden immer grauenhaft, das von Kindern erst recht. Zu akzeptieren, gar zu verklären ist hier nichts. Und so darf auch kein Sinn in das Leiden hineingepresst werden. Der Schmerz und das Leiden gehören bekämpft; dies ist eine Aufgabe, die gläubige und nichtgläubige Menschen vereint. Diese Ökumene kann über alle Glaubensdifferenzen und Auslegungen des Lebens hinweg gelebt werden. Unsicher bin ich nur, ob diese Welt – trotz allem – nicht doch zu lieben ist. Denn sie ermöglicht, auch wenn sie abgründig ist, sich immer wieder von ihren widerwärtigen Seiten her zeigt, das Wunder des Menschseins. Und wenn sie sich in ihrer Faktizität tatsächlich dem Willen des freien Gottes verdankt, wie der Glaube behauptet, so wäre diesem Gott doch immerhin zuzugestehen, dass er dieses Wunder ermöglicht hat, auch wenn die Fragen bleiben werden. Dass aber ein Gott abzulehnen wäre, der die grausame Folter auch nur eines einzigen Menschen will, ein solcher Gott nicht geliebt werden dürfte, ist moralisch geboten. Wenn er es auch nur zulässt, so ist dies bereits genug, um deutliche Zweifel an ihm, seiner Güte, zu bekommen. Aber dieses Opfer zu *wollen*, und sei es auch freiwillig von einem Menschen übernommen, damit er, Gott, sich mit der Menschheit versöhnen könne, ist eines Gottes, der diesen Namen verdient, nicht würdig.

Erlösung – anders gedacht

Deshalb muss die Erlösungsbotschaft eine andere sein als die von einer Sühneleistung. Lässt sich Erlösung nicht anders denken, dem Kreuz keine andere Bedeutung zuschreiben, so wäre Gott nicht akzeptabel. Ein solcher Gott passt nicht ins moralische Koordinatensystem des Menschen. Und bezogen auf dies gilt: Entweder die moralischen Ansprüche, das innerlich akzeptierte Sollen, den anderen Menschen in seiner Würde zu achten, gelten *unbedingt* – oder aber sie gelten nicht. Mache ich aber die unbedingt zu achtende Würde eines jeden Menschen zu meinem Grundsatz, dann braucht es schon sehr gute Gründe, den Tod, gar die brutale Ermordung eines Menschen, hinzunehmen. Und dies gilt zumal angesichts der Ermordung unzähliger Unschuldiger, der des Jesus von Nazareth, aber auch der unzähliger anderer Menschen, die in den Lagern und Archipelen gequält, zur Arbeit gezwungen wurden, bis sie nicht mehr konnten, und dann ermordet wurden, die zu medizinischen Experimenten missbraucht wurden. Die Menschheitsgeschichte ist voll von Schrecken. Von den Schmerzen, die die Natur mit sich bringt, ganz zu schweigen. Und niemand, darauf ist zu bestehen, hat sich seine Geburt ausgesucht. Jedem Menschen ist seine Existenz bereits verhängt, bevor er sich zu ihr verhalten kann.

Bezogen auf die Rede von Gott kann dieses Faktum, dass sich niemand seine Existenz ausgesucht hat, nicht folgenlos bleiben. Sie ist von dem zu verantworten, der sie gewollt hat. Wenn er, das heißt der aus Freiheit schaffende Gott, überhaupt existiert. Eben

diesen Gott setzt sich die Theologie aber als ihren Ausgangspunkt. Existiert nun aber der Gott, den das Glaubensbekenntnis
als den Schöpfer des Himmels und der Erde bekennt, den in seiner Allmacht freien Gott, so war die Welt nicht notwendig. Er
brauchte die Welt dann nicht, um Gott sein zu können. Von daher verdankt sie sich ausschließlich seinem Willen. Dann aber
hat er auch die Bedingungen zu verantworten, dass es überhaupt
zu der Gewalt kommen konnte und kann, welche die Geschichte
durchzeichnet. Zumindest musste Gott erahnen, wozu eine unter Endlichkeits- und Konkurrenzbedingungen existierende
Freiheit in der Lage sein könnte. Und denkt man kulturge-
schichtlich, so zeigt sich, wie mühsam die Menschheit sich einen
anspruchsvollen Begriff moralischer Selbstbestimmung erarbei-
tet hat; dieser existierte in keinem Paradies, sondern musste erst
erlernt werden. Die Welt theologisch so zu begreifen, dass sie
sich in ihren Gesetzmäßigkeiten und Entwicklungspotenzialen
dem Wollen eines freien Gottes verdankt, bedeutet dann aber,
dass Gott die Bedingung für ein solches moralisches Erlernen
grundgelegt hat – und diese Bedingung heißt: Freiheit. Dann
aber hat er auch riskiert, dass diese Freiheit sich zum radikal Bösen öffnen könnte. Selbst noch für das Massenmorden hat er
dann die Bedingung geschaffen, die Existenz von Freiheit. Hat
dieser Gott nicht für möglich gehalten, zu was der Mensch in der
Lage sein könnte?

In jedem Fall aber hat er etwas anderes gewusst: Eine nach ihren
eigenen Gesetzmäßigkeiten sich entwickelnde Welt, eine Welt
der organischen Evolution, würde den Prinzipien von Zeugung,
Geburt und Sterben unterworfen sein. Die Theologie sollte sich
endlich diesem harten Faktum stellen. Andernfalls werden andere darauf bestehen, sie auf Konsistenz verpflichten. Und sie
haben bereits darauf bestanden. Spätestens wenn es um das bio-

logische Elend geht, kann es keine Ausflucht mehr für die Theologie geben, sich dem Problem der Theodizee nicht zu stellen. Ob theologisch noch etwas beizubringen ist bezogen auf das, was ich die im Schöpfungsakt bereits grundgelegten Zumutungen Gottes nennen möchte, wird noch zu sehen sein. Nicht ausgeschlossen werden kann, dass es eine Linie gibt von einem Zweifel am überkommenen Glauben, wie er bereits bei Holbein dem Jüngeren zu beobachten ist, bis in die Gegenwart. Nicht die Sünde, die Geburt wird nun zum Problem. Ist diese Existenz es tatsächlich wert, gelebt zu werden? Zwar dürfte diese Frage sich vielen auch nicht stellen. Wer gedankenlos durchs Leben geht, wird dieses Leben – immer vorausgesetzt, es meint es gut – genießen. Und ob sich Letztfragen und mit ihnen die Gottesfrage wirklich zwangsläufig einstellen, wenn der Tod sich ankündigt, der Mensch ganz auf sich zurückfällt, »plötzlich *einsam* wird«, »alles ›fraglich‹ wird«, »die Stille dröhnt, eindringlicher als der übliche Alltagslärm«, wie Karl Rahner formuliert hat,[29] ist eine soziologisch aufregende Frage. Und religionsphilosophisch brisant ist die Frage, ob aus diesen Erfahrungen bereits Gotteserfahrungen abzuleiten sind. Ich bin skeptisch, denn warum soll der Horizont, der sich hier auftut, nicht einfach die Ankündigung des reinen Nichts sein? Umso dringlicher ist angesichts solcher Erfahrungen von Sinnentleerung aber danach zu fragen, ob anderen Menschen die Geburt zugemutet werden darf. Wer moralisch sensibel leben will, wird sich der grundsätzlichen Frage nach der Zumutbarkeit der Existenz spätestens dann stellen müssen, wenn er sich dazu entscheidet, neues Leben zu wollen. Man begibt sich in eine Schuld dem neuen Leben gegenüber, die nichts mit moralischem Versagen zu tun hat. Gilt aber das, was für Menschen gilt, nicht auch für Gott? Muss er nicht, wenn er dem Menschen den Tod zumutete, ihn dem Risiko aussetzte, zum Opfer von Gewalt zu werden, selbst gewalttätig zu werden, auch von vornherein entschieden gewesen sein, alles zu versuchen, um ein nachträgliches Ja des Menschen zu seiner konkreten Biographie zu erwirken?

So auf Gott hin zuzuspitzen, bedeutet nicht, dass menschliche Schuld verdrängt werden soll. Solche Verdrängungstendenzen gibt es zweifelsohne auch. Es nicht gewesen sein zu wollen, sich wegzustehlen aus Situationen, in denen das freimütige Wort oder auch das entschiedene Eingreifen geboten ist, scheint zum Menschsein dazu zu gehören. Sören Kierkegaard hat auf die Angst verwiesen, welche den Menschen in seiner Freiheit erfasst, wenn er sich selbst zu wählen, eine verbindliche Identität zu geben hat und so »in ihre eigene Möglichkeit schaut und da die Endlichkeit ergreift, um sich daran zu halten«;[30] und es ist wohl auch diese Angst, die den Menschen immer wieder überfällt, wenn er gefordert ist, nun auch gemäß der Überzeugungen zu leben, die er doch eigentlich leben will: Freimütigkeit in der Rede zu pflegen, Gerechtigkeit einzufordern. Gerade den Sensiblen ist nur allzu bewusst, wie nahe Entschiedenheit und Versagen beieinander liegen. Das entlastet die Frage nach Gott aber nicht. Wer im Angesicht der Orte des Grauens danach fragt *Wo warst Du, Adam?* wird auch die Frage *Wo warst Du, Gott?* stellen müssen.

Ob die Theodizeefrage in der traditionellen Sühnetheologie eine Rolle spielte, ist sehr die Frage. Man kann auch konstatieren: Sie spielte keine Rolle. Was aber blieb von der christlichen Glaubenslogik, als die Vorstellung von einem einstmaligen paradiesischen Urstand und dem anschließenden Fall der Menschheit, dem darauf folgenden gottgefälligen Sühneopfer immer stärker unter Druck geriet? Versuche, zu einem Neuverstehen dessen zu kommen, was christlich unter Erlösung zu verstehen ist, hat es gegeben;[31] ob sie sich in der kirchlichen Verkündigung haben durchsetzen können, ist eine andere Frage. Entschieden bin ich in einem Punkt: Kein Erlösungsglaube darf die moralischen Standards, die der Mensch sich selbst gegenüber formulieren kann, unterlaufen. Ob die anderen monotheistischen Religionserzählungen dies vermögen, ist hier nicht das Thema. Mein Verdacht lautet, dass, soziologisch betrachtet, die überkommene Erzählung von einer adamitischen Schuld und einer anschließenden Wiedergutmachung durch Gott am sich entwickelnden moralischen Bewusstsein des Menschen gescheitert ist. Was bleibt nach dem Zusammenbruch dieser Geschichte, ist die Ausdenkbarkeit der Verzweiflung, dass dieses Leben alles ist – und das Problem der Geburt.

Sich-Anstemmen gegen die »härteste Nicht-Utopie«

Oder: Nicht mehr glauben können

Was sich bei Holbein zumindest bereits andeutet, der Verlust der Glaubensgewissheit und damit auch der Auferstehungshoffnung, hat als Ahnung die intellektuellen Eliten und Künstlerschichten des 19. Jahrhunderts immer mehr beschlichen. Wie dies in anderen Bevölkerungsschichten aussah, vermag ich nicht zu sagen; ich kann mir freilich nur schwer vorstellen, dass der Glaubenszweifel sich nicht auch hier vernehmbar machte. Und er trifft die für das Leben Sensiblen schmerzlich. Der Musiker Johannes Brahms gehörte zu diesen.

Brahms hatte es alles andere als leicht in der Musikszene des 19. Jahrhunderts. Von Selbstgewisseren wie Richard Wagner wurde er bespöttelt. Der Idee, dass in der Musik selbst Erlösung zu finden sei, ist Brahms nicht verfallen. Seine Fragen waren zu existentiell, zu stark durch die Sehnsucht nach einem Gott bestimmt, welche die biblischen Texte durchzieht, als dass er diesem Wahn einer erlösenden Verklärung der Welt durch die Kunst hätte verfallen können. Die biblische Sehnsucht ist erdverbunden, will sich nicht abwenden von einer zum Himmel schreienden Ungerechtigkeit und der unerträglichen Gewissheit, sterben zu müssen. Nicht die Welt akzeptieren zu wollen, wie sie ist, macht den Glutkern biblischer Spiritualität aus. Deshalb sind und bleiben auch die Religionsidyllen und das ganze Sammelsurium an lebenstherapeutischen Spiritualitäten der Gegenwart für diejenigen unerträglich, die sich diesen Traditionen der Gottessehnsucht verpflichtet wissen.

Brahms und die »Melancholie des Unvermögens«

In *Der Fall Wagner* hat Friedrich Nietzsche nicht nur gegen Wagner polemisiert, sondern, man kann schon sagen nebenbei, auch noch Brahms abgekanzelt. Von einer »Melancholie des Unvermögens«[32] spricht Nietzsche bezogen auf die Musik von Brahms. Brahms reiht sich für ihn ein in die Riege der Dekadenten, die nicht die Kraft zu einem wahrhaft Neuen haben, die immer noch – auch wenn die alten Hoffnungen zerbrochen sind – dem alten, längst toten Gott nachtrauern. Brahms hätte vermutlich gar nicht widersprochen, dass seine Musik diesen melancholischen Geist atmet; er hätte vermutlich bewusst dazu gestanden. Brahms exerziert die Kontinuität und den Abbruch zugleich. Ohne die alten Glaubenstraditionen wäre seine Musik nicht vorstellbar, und dennoch verweigert sie das überbordende Ja zu dieser Welt, das keine Melancholie mehr kennt. Er hält eine andere Entscheidung in der Schwebe, die zwischen Glaube und Unglaube. Anstatt sich dem dionysisch Rauschhaften zu überlassen, bleibt er den alten Sehnsüchten treu. Man kann Nietzsche nicht absprechen, dass er Brahms nicht richtig beschrieben hätte: Er »schafft nicht aus der Fülle; er durstet nach der Fülle.«[33] Es sind die alten biblischen Sehnsüchte, die Brahms bestimmen.

Man denke nur an die *Vier ernsten Gesänge* von Brahms. Zwar nimmt der letzte Gesang die hoffnungsgeladenen Verse aus dem ersten Korintherbrief des Paulus auf. Dann würden wir, so heißt es dort, »von Angesicht zu Angesicht« sehen. Bis dahin blieben dem Menschen, so Paulus, nur »Glaube, Hoffnung und Liebe«, unter denen die Liebe die größte sei (1 Kor 13,13). Die anderen Gesänge vertonen aber Verse aus dem Buch Jesus Sirach: »O Tod, wie bitter bist Du« (Sir 41,1), sowie aus dem Predigerbuch: »Denn es gehet dem Menschen wie dem Vieh, wie dies stirbt, so stirbt er auch; und haben alle einerlei Odem; und der Mensch hat nichts mehr denn das Vieh: denn es ist alles eitel; denn es ist alles eitel« (Koh 3,19). Und folgend: »Ich wandte mich und sah alle an, die Unrecht leiden unter der Sonne; und siehe, siehe, da waren Tränen derer, die Unrecht litten und hatten keinen Tröster ... Da lobte ich die Toten, die schon gestorben waren mehr als die Lebendigen, die noch das Leben hatten; und der noch nicht ist, ist besser als alle Beide, und des Bösen nicht inne wird, das unter der Sonne geschieht« (Koh 4,1–3). Angesichts dieser von Brahms vertonten Textfragmente stellt sich die Frage: Hat Brahms wirklich noch an Auferstehung geglaubt?

Ich bin skeptisch. Die Vertonung lässt anderes hören. Das theologische Gerüst, in dem er, der Protestant Brahms, groß geworden war, trug ihn nicht mehr. Aber es war nicht nur die Glaubenslogik von Fall, Sünde und Sühneopfer Christi, die längst kritisch beargwöhnt wurde. Der Zweifel begann, sich ins Grundsätzliche auszuweiten. Ich hatte dies bereits mehrfach angedeutet. Ob überhaupt an einen Gott zu glauben sei, der die Toten zum Leben erweckt, wurde zunehmend fraglich. Die geschichtlich groß gewordene, bereits alttestamentlich zu beobachtende Glaubenshoffnung auf einen Gott, der die Toten zum Leben erweckt, schlägt allmählich um in das Gegenteil, in eine tiefe Resignation.

Man bleibt negativ verhaftet, was den Schmerz umso größer macht.

Und damit kehrt eine andere, auch in der Antike bereits gestellte Frage zurück, die so lange, wie dann das Christentum die Deutungshoheit über den Menschen hatte, als Ausdruck der sündhaften Natur des Menschen galt. Ist dann nicht die Geburt das eigentliche Unglück? Denn nur wer geboren wird, vermag mit dem Tod zu hadern.

Vom Unglück der Geburt

Brahms sinniert über diese Frage. Ich hatte an die bestürzende Notiz, die Hans Mayer aus einem Brief von Brahms anlässlich der Geburt eines Kindes wiedergibt, bereits erinnert: dass das Beste doch sei, gar nicht erst geboren zu werden. Selbstverständlich wusste Brahms, dass bereits der biblische Hiob sich diese Frage vorgelegt hatte, sie aber dann doch nicht mit einem entschiedenen Ja, es wäre besser, beantwortet hatte. Immer wieder, auch in der griechischen Antike, ist diese Frage, ob es nicht besser sei, gar nicht erst geboren zu werden, aufgeworfen worden. »Nicht geboren zu sein, das ist Weit das Beste – doch wenn man lebt,/Ist das Zweite, woher man kam,/Dorthin zu kehren, so schnell wie möglich.« So der Chor im *König Ödipus* von Sophokles. Schopenhauer wird Sophokles zitieren,[34] und er wird vor allem eine völlig neue, von allen religiösen Überresten beseitigte Sicht auf das Leben in die Welt setzen. Der »Lebenslauf des Menschen« sei doch »in der Regel« dieser, »daß er, von der Hoffnung genarrt, dem Tode in die Arme« tanze.[35] Man kann sich von der Hoffnung narren lassen, aber – so Schopenhauer: man kann auch schlicht von dieser Hoffnung lassen, will sagen, nicht mehr religiös rückfällig werden und das Leben als das hinnehmen, was es ist: nicht mehr als eine kurze Spanne zwischen Geburt und Tod. Dem Tier gleich, aber darum wissend, dass dieses Leben alles ist. Und auch ist das, was so emphatisch Freiheit genannt wird, für Schopenhauer zwar durchaus eine Größe; sie macht wesentlich das aus, was Menschsein genannt wird. Doch zunächst einmal ist der Mensch wie alles andere Lebendige auch einem blinden Willen, Triebkräften der Natur und nur begrenzt steuerbaren Begierden unterworfen. »Welch ein Abstand ist doch zwischen unserm Anfang und unserm Ende! Jener in dem Wahn der Begier und dem Entzücken der Wollust; dieser in der Zerstörung aller Organe und dem Moderdufte der Leichen. Auch geht der Weg zwischen Beiden, in Hinsicht auf Wohlseyn und Lebensgenuß, stetig bergab: die seelig träumende Kindheit, die fröhliche Jugend, das mühsälige Mannesalter, das gebrechliche, oft jämmerliche Greisenthum, die Marter der letzten Krankheit und endlich der Todeskampf: – sieht es nicht geradezu aus, als wäre das Daseyn ein Fehltritt, dessen Folgen allmälig und immer mehr offenbar würden?«[36]

Ob Brahms sich direkt vom tiefen Pessimismus der Philosophie Schopenhauers hat beeindrucken lassen, kann ich nicht sagen. Zu spüren ist dieser grundlegende Stimmungsumschwung im 19. Jahrhundert, den Schopenhauer auf den Begriff gebracht hat, bei Brahms jedenfalls deutlich. Die Geburt wird zum Problem, weil der Auferstehungsglaube schwindet. In den Erinnerungen des Musikers Richard Heuberger findet sich eine Äußerung von Brahms, die dessen melancholischen Abschied vom Auferstehungsglauben zum Ausdruck bringt. Sie datiert vom 11. Juni 1895, zwei Jahre vor dessen Tod. Wie Heinrich Heine war auch Brahms klar, dass ein Gott, der nicht noch Möglichkeiten für den Menschen hat, sprich: der kein Versprechen über dieses Leben hinaus hat, belanglos wird. Deshalb hatte man im alten Israel den Zuständigkeitsbereich Gottes auch immer weiter ausgedehnt. War er zunächst ausschließlich ein Gott der Lebenden, ein Gott, der mit seinem Volk zieht, so ringt man sich zwei Jahrhunderte vor Christus dazu durch, Gott auch zu einem Gott für die Toten werden zu lassen. Zumal die Gerechten, die wegen ihres Glaubens den Tod fanden, konnten Gott doch nicht gleichgültig sein. So entstand der Auferstehungsglaube. Alles hat seine Geschichte, muss allererst erdacht werden – so auch dieser Gottglaube. In ihm fasst sich die größte Sehnsucht zusammen, die Menschen aus sich heraustreiben können: dass da noch einer sei. Doch an eben diesem Gott zweifelt Brahms. Aus dem Ringen mit diesem Glauben ist längst eine tiefe Skepsis geworden. Und diese Skepsis verbindet sich mit der Erfahrung ganz anderer Einsamkeit – eine Erfahrung, die das Alter begleitet. »Oft denke ich, daß ich fast zu beneiden bin, weil mir niemand mehr sterben kann, den ich so ganz vom innersten Herzen heraus liebe ... Außer an Frau Schumann hänge ich an niemandem mit ganzer Seele. – Es ist doch eigentlich grauslich, und man soll so was weder denken noch sagen. Ist das denn ein Leben so allein! An die Unsterblichkeit jenseits glauben wir ja doch nicht recht. Die einzig wahre Unsterblichkeit liegt in den Kindern.«[37] Doch diese ›Unsterblichkeit‹ ist eine, die nur begrenzt zu trösten vermag. Wäre es da nicht doch besser, erst gar nicht geboren worden zu sein? Ist dies nicht die Frage, in der sich alle Fragen verdichten? Und weiter ist zu fragen: Gibt es denn überhaupt Sinn, wenn alles auf den Punkt zuläuft, schließlich nicht mehr zu sein? Mit der unausweichlichen Erfahrung der sich verknappenden Lebenszeit wird dem Menschen die Vorläufigkeit dessen vor Augen gestellt, was als sinnvoll erlebt wurde. Nichts, das nicht vergänglich wäre und mit der Zeit dem vollständigen Vergessen anheim gegeben sein wird. Wenn dieser Kosmos nicht mehr sein wird, wird es nicht einmal mehr jemanden geben, der sich erinnert. Wenn überhaupt, wird dies ein Gott können; kein anderes Bewusstsein ist denkbar. Ist das auszuhalten? Ist nicht doch die Geburt das eigentliche Unglück? Weil dies bisschen Lebensglück und das, was Menschen als sinnvoll erlebt haben, den Schmerz darüber, dass dieses alles nicht mehr sein wird, nicht zu überwiegen vermag?

Wie entsteht Sinn?

Ich komme auf diese Frage, ob es nicht besser sei, gar nicht erst geboren worden zu sein, ob nicht die Geburt und damit nicht der Tod das eigentliche Unglück sei, zurück. Wer nicht einfach in den Tag hineinlebt, sensibel ist für das Leben und seine Zumutungen, wird auf diese Frage stoßen. Um sie aber angehen zu können, ist eine Überlegung zum Sinnbegriff vonnöten. Abschließend mit Ja auf die Frage zu antworten, ob nicht die Geburt das eigentliche Unglück sei, liefe darauf hinaus, dem Leben jegliche Sinnhaftigkeit abzusprechen. Nun wird man zunächst kaum sagen können, dass das Leben *als solches* einen Sinn hat. Was als Sinn gilt, wird vielmehr als Sinn bestimmt. Nichts ist aus sich selbst heraus sinnvoll, wertvoll oder auch schön. Die Blume nicht, der Schmetterling nicht, das All nicht – auch der Kuss nicht. Alles dieses wird zu einem Schönen, wird als schön empfunden und damit zugleich von anderem Erlebten abgegrenzt; es wird Sinn in ihm erlebt, ja nicht nur dies: es kann als so beglückend empfunden werden, dass das ganze Leben als sinnvoll erscheint.

Menschen empfinden aber nicht nur unmittelbar. Zwar wird das meiste, das beglückt, unmittelbar erlebt. Wenn harmonisch ge-

gessen wird, das Essen genossen und geredet, gescherzt wird, so herrscht Unmittelbarkeit. Zumeist jedenfalls. Aber spätestens dann, wenn das Goethesche *Verweile doch* sich ins Bewusstsein zwängt, so ist bereits wieder klar, dass der Mensch nicht nur ist – sondern, auf sich selbst zurückgeworfen, ein gebrochenes Wesen ist. Denn das *Verweile doch* zeigt dem Menschen zweierlei an. Gerade noch glücklich, drängt sich die Reflexion ins Geschehen hinein und weist den Menschen darauf hin, dass die voranschreitende Zeit jegliche Erfahrung von Glück bereits wieder entleert. Kein harmonisches Essen dauert ewig, kein Kuss, dem nicht der Alltag folgt.

So ist es mit allem Erlebten. Was gerade noch als beglückend erlebt wurde, kann zumindest von der Reflexion wieder geschleift werden – verdächtigt werden, doch nur belanglos zu sein. Nicht, dass das Erlebte nicht schön, beglückend war. Aber welches Gewicht hat das endliche Glück, wenn sich der kalte Kosmos desinteressiert zeigt am Menschen. Die Welt stürmt auf den Menschen ein, der Mensch weiß sich als eine Winzigkeit von ihr, er organisiert sie auf sich hin – und er weiß, dass sie ihn überlebt, sie keine Rücksicht kennt bezogen auf ihn. Die kosmischen Prozesse laufen. Und was auch immer bezogen auf diese Prozesse der Begriff Zeit meint, eines weiß der Mensch: dass er nur einen Horizont extrem begrenzter Zeit hat.

Über das nachzudenken, was sich im Begriff Sinn zum Ausdruck bringt, verlangt danach, dies im Horizont des Bewusstseins der voranschreitenden Zeit zu tun. Dass diese ins Unendliche voranschreiten könnte, kein Telos kennt, prägt das Bewusstsein der aus göttlichen Sicherheiten entlassenen Moderne. So heißt es in der achten *Duineser Elegie* von Rainer Maria Rilke:

»Und wir: Zuschauer, immer, überall,
dem allen zugewandt und nie hinaus!
Uns überfüllts. Wir ordnens. Es zerfällt.
Wir ordnens wieder und zerfallen selbst.

Wer hat uns also umgedreht, daß wir,
was wir auch tun, in jener Haltung sind
von einem, welcher fortgeht? Wie er auf dem letzten Hügel,
der ihm ganz sein Tal
noch einmal zeigt, sich wendet, anhält, weilt –,
so leben wir und nehmen immer Abschied. [38]

Die Elegie atmet deutlich das Bewusstsein von der Kürze der
Zeit. Es signalisiert dem Menschen unzweideutig, dass er Abschied zu nehmen hat. Dies ist zugleich das Eintrittstor der Melancholie. Dabei können gerade die glücklichsten Momente in
eine tiefe Melancholie umschlagen. Gerade noch glücklich, ins
Gespräch verwickelt, verstummt man – auch wenn sich an der
äußeren Situation nichts verändert, munter weitergeredet wird.
So auch, wenn der Blick ins All geht. Was gerade noch Staunen
erzeugt hatte in seiner nicht vorstellbaren Größe, seinem Glanz,
in der sommerlichen Abenddämmerung auf der Terrasse sit-
zend, ein Glas Wein vor sich, was gerade noch faszinierte, kann
im nächsten Moment ein Gefühl von Bodenlosigkeit auslösen.
Angesichts der unermesslichen Weiten, die sich dem Blick bie-
ten, kann der Verdacht kaum ausbleiben, dass der Mensch nur
eine zufällige Randerscheinung von kosmischen Prozessen sein
könnte, die ziellos ablaufen – nur von den Gesetzmäßigkeiten
organisiert, die eben existieren. Von niemandem angestoßen,
auf niemanden zulaufend.

Könnte, so betone ich. Denn auch wenn »die Kritikfälligkeit der Vernunft durch diese selbst eingelöst«[39] ist, keine menschliche Vernunft den guten Vater über dem Sternenzelt zu verbürgen vermöchte, seine Existenz nicht zuletzt aufgrund seines Sich-Verschweigens in Situationen höchster Not zutiefst fraglich geworden ist, so ist doch auch nicht ausgeschlossen, dass dieser existiert. Der Anblick der kühlen, schweigenden Unendlichkeit des Alls, die dem Menschen die Kürze seiner Lebensspanne eingedenk werden lässt, ist spätestens seit dem 16. Jahrhundert zu der Herausforderung schlechthin geworden, wenn es um die Gottesfrage geht. Schweigt er nur in den unendlichen Weiten des Alls oder existiert er schlicht nicht, »der Lump«, wie dann Samuel Beckett[40] im 20. Jahrhundert zweifelt?

Als Gott zweifelhaft wurde, seine Unendlichkeit – eine ohnehin nichtssagende Bestimmung – auf das All übertragen wurde, dieses nun als unendlich galt, die Hypothese des freien Gottes, der alles aus dem Nichts heraus geschaffen haben sollte, an Plausibilität verlor, fiel der Mensch einsam auf sich zurück. Eine gewisse Unsicherheit soll nicht verschwiegen werden, wenn ich dies so sage. Denn niemand kann gewiss sein, was Menschen in ihrem Inneren religiös empfinden und ob sie dies überhaupt tun. In der Literatur hat sich der Kampf Jakobs mit Gott längst zu Ungunsten Gottes entschieden. Der biblische Jakob rang mit seinem Gott, aber: Sein Ringen war dadurch begünstigt, nicht von Gott lassen zu wollen. Die modernen Jakobs und Hiobs sind da resoluter, sie geben Gott den Abschied – dies aber nicht leichtfertig, sondern traurig. Denken macht eben traurig, und ich bin alles andere als sicher, ob der Gotteszweifel nicht seit langem selbst in Kreisen vorherrscht, die diesen öffentlich nie zugeben würden. Ich weiß dies nicht. So manche religiöse Banalität lässt mich aber mutmaßen, dass die Sensibilität für die Gottesfrage da weitaus größer ausgeprägt ist, wo nicht mehr vollmundig von ihm gesprochen wird, sodass die andere Möglichkeit, dass dieses All unendlich ist, kalt und stumm bleibt gegenüber den Bedürfnissen und Sehnsüchten des Menschen, wahrscheinlicher wird. Und doch, auch dies ist nicht zu verschweigen, ermöglicht diese, in ihrer unermesslichen Weite nicht mehr fassbare Welt faktisch das, was Menschsein genannt wird, und zwar ein durch Freiheit sich auszeichnendes Menschsein. Der bedrückenden Beschreibung des Alterungsprozesses, wie sie gerade bei Schopenhauer begegnete, eine Beschreibung, die ja nur möglich ist, weil der Mensch nicht einfach lebt, sondern in Distanz zur Umwelt und zu sich existiert, der Mensch die Welt auf den Begriff bringt, er sie beurteilt – dieser Beschreibung korrespondiert eine andere Weise der Weltbeschreibung, die auch allein dem Menschen möglich ist: Als soziale, miteinander lebende Wesen können Menschen, eben weil sie – darin sich unterscheidend von anderem Lebendigen – nicht nur fühlend, emotional, sondern darüber hinaus noch frei sind, den Dingen eine Bedeutung geben, sie zum Symbol ihres Miteinanders machen. An der Blume kann ich mich erfreuen, sie kann zum Symbol der Zuwendung von Menschen werden, auch wenn sie zunächst nur ein Organismus in der Welt der vielen anderen Organismen ist. Und so kann auch der Kuss Ausdruck innigster Zuneigung sein. Wie er aber auch zum Symbol des Verrats werden kann. Damit zeigt sich, dass für den Menschen nichts aus sich selbst heraus Bedeutung hat. Bedeutung im Bereich des Menschlichen gibt es, weil sie den Dingen und dem, was erlebt wird, zugeschrieben wird.

Nichts ist somit aus sich selbst heraus sinnvoll oder sinnlos. Sondern weil Menschen ihrem Dasein einen Sinn abverlangen, entsteht die Erfahrung von Sinnhaftigkeit oder eben auch Sinnlosigkeit. So wie die Welt deshalb auch nicht einfach absurd ist, sich das Bewusstsein der Absurdität vielmehr einstellt in dem Raum, der sich ergibt, wenn der Mensch ein Verhältnis zu sich und der Welt entwickelt, er mithin das Leben als absurd beurteilt,[41] so gilt dies auch für das, was im Begriff Sinn gedacht wird. Sinn ist damit etwas Relatives. Er entsteht, wird dem zugeschrieben, was Menschen erlebt haben und was ihnen widerfahren ist. Menschen sagen, was ihnen als sinnvoll erscheint, sie *bestimmen*, was Sinn ist.

Verweigerter Sinn und Geburtlichkeit

Deshalb lässt sich auch nicht einfach sagen, weil der Tod am Ende des Lebens stehe, sei das Leben als Ganzes sinnlos. Odo Marquard hat darauf verwiesen. »Den absoluten Sinnbeweis – extrem die Antwort auf die Frage: wozu ist überhaupt etwas und nicht vielmehr nichts (mit Einschluß der Theodizeefrage) können wir nicht absolut führen: dafür ist unser Leben zu kurz, weil es befristet ist durch den Tod. Daraus folgt nicht die Verneinung des Lebens. Selbst wenn Silen nicht recht hätte mit seinem Satz ›das Beste ist es, nicht geboren zu sein‹, hat doch Polgar noch mehr recht mit dem Kommentar zu diesem Satz: ›Das Beste ist es, nicht geboren zu sein: doch wem passiert das schon?‹«[42] Eben, wem passiert das schon. Man ist bereits geboren, bevor man anfängt, zu denken, Sinnfragen zu stellen. Zugleich kann man der Frage, ob nicht die Geburt das eigentliche Unglück sei, nicht abstrahiert von dem tatsächlichen Leben, das heißt dem bereits gelebten Leben, nachgehen. Sie ist zu konkretisieren, individualisiert sich und lässt sich dennoch nicht aus den sozialen Dimensionen lösen, in denen sich das Leben abspielt. Menschen kennen keinen Nullpunkt; sie sind bereits in der Verantwortung, in die Verantwortung gestellt; und dies nicht nur für sich, sondern auch für die, die ihnen bereits zugewandt waren. Zumindest hierzu müssen sie sich verhalten, und erst recht stehen sie in Verantwortung gegenüber dem, was sie selbst angefangen haben. Jede Geburt ist ein neuer Anfang, eine neue Welt entsteht. Nun hat sich zwar niemand die Geburt ausgesucht. Aber des Menschen Schicksal ist, dass er, hineingeworfen in das Leben, dann doch selbst anfängt. Das aufwachsende Kind nimmt schließlich ein bewusstes Verhältnis zu den Eltern, den Geschwistern ein, zu seinem sozialen Umfeld, und nicht nur dies: es setzt selber Anfänge. Es geht Beziehungen ein, eröffnet soziale Umfelder, lebt Verbindlichkeiten. Je älter das Kind, der erwachsen werdende Mensch wird, umso – hoffentlich – selbstverantworteter geschieht dies. Das *Wem geschieht das schon gar nicht erst geboren zu werden* hinkt diesem, ich möchte es einmal so nennen: bereits eingegangenen, nicht mehr nur qua Zeugung zugemuteten, sondern als eigenes bejahten Leben als Wunsch hinterher. Wenn er entsteht, der Ekel der Existenz, der Widerwille gegen die eigene Geburt, so erst im Verlauf einer Biographie. Er ist geschichtlich vermittelt, provoziert durch Erfahrungen und das heißt durch die Unverträglichkeiten des Lebens.

Es sind diese Erfahrungen von Ekel, von aufgelöster und sich nicht mehr einstellen wollender Harmonie, von abgründiger Negativität und dem Leiden an der Welt, der Nichtigkeit von schließlich allem, die das melancholische Bewusstsein auslösen. Und die die Frage nach dem Ganzen provozieren. Warum ist überhaupt etwas und nicht vielmehr gar nichts? Diese Frage wird seit der Antike gestellt. Im Verlauf der Jahrhunderte ist sie immer stärker auf den Menschen konzentriert worden. *Was ist der Mensch?* sei die Frage, so dann Kant, auf die die Fragen, was zu wissen, zu tun und zu hoffen sei, zuliefen.[43] Aber er stellt sie in einem Erfahrungsraum, der Glück und Zufriedenheit, Not und Schmerz, Tod kennt, in dem das Bewusstsein von der Tödlichkeit des Daseins ausgeprägt ist. Hier liegt der Ursprung der Gottesfrage, und diese Frage hat im Verlauf des Nachdenkens unterschiedlichste Antworten gefunden. Sie können rücksichtsvoll bezogen auf die Individuen ausfallen, sie können auch über die Einzelschicksale hinweghuschen.

Der Zynismus der »Siebenmeilenstiefel«

Ernst Bloch hat bezogen auf das gewaltigste philosophische System der Neuzeit, dasjenige Hegels, von den »Siebenmeilenstiefeln des Begriffes«[44] gesprochen. Damit hatte er gemeint, dass Hegel immer bereits alles, was geschehen ist und geschieht, als in sich sinnvoll gerechtfertigt habe. Und dies wäre es ja auch, wenn, wie Hegel gemeint hat, in allem Konkreten es das Absolute, das Göttliche sei, was zu sich selbst kommen wolle. Der Gang der Geschichte ist dann nichts anderes als Selbstwerdung des Göttlichen im endlich-menschlichen Bewusstsein. Dieses muss es nur begreifen, und so findet es Trost. Die individuellen Schicksale spielen dann letztlich keine Rolle mehr. Sie sind dann Kollateralschäden der Geschichte.

Und selbst dies nicht. Denn da sie sich ja innerhalb der einen, als an sich selbst vernünftig und damit in sich sinnvoll begriffenen Geschichte ereignen, stehen diese auch nicht einfach für sich und sind deshalb auch nicht einfach sinnlos. Es muss für Hegel nur begriffen werden, dass alles nur dem einen Selbstwerden des Absoluten dient, sich im Endlichen und durch die Erfahrungen von Negativität hindurch das Absolute als die Identität von Endlichem und Unendlichem im Endlichen seiner selbst bewusst wird. Für Hegel rechtfertigt dies alles. Das Absolute, das für Hegel Gott ist, hat kein eigenes Bewusstsein; es steht dem Menschen nicht in Differenz gegenüber. Es ist vielmehr nur, wenn es im endlich-menschlichen Bewusstsein gedacht wird, es so begriffen wird, dass alles eins ist.

Ich wüsste nicht zu sagen, ob Hegel überhaupt begriffen hätte, was es existentiell bedeuten kann, mit dem Faktum der eigenen Geburt zu hadern; wenn ein Mensch sich wünscht, besser nie existiert zu haben, drastischer formuliert: dass nie zwei Menschen auf die Idee gekommen wären, einen anderen Menschen zu zeugen, der nun sagt, ich wollte meine Existenz nie und will sie nicht. Wie absichtsvoll diese Zeugung überhaupt gewesen ist, ist eine Frage, die es zu stellen gilt. Ging es darum, einen neuen Menschen in die Welt zu entlassen, damit er sich zu einer Persönlichkeit entfalten kann? In vergangenen Generationen wurden Kinder vor allem zur eigenen Zukunftssicherung gezeugt; alles andere ist historische Wohlfühlphantasie. Geschieht dies absichtsvoll, damit das Leben weitergeht, neues Leben ist, weil das Leben so geliebt wird, dass es auch einem neuen Menschen geschenkt wird, sind es zumindest nicht eigene Interessen, die bestimmen. Wobei gerechterweise auch zu sagen ist, dass in früheren Zeiten nichts anderes blieb, wollte man überleben; Kinder waren unverzichtbar zur Alterssicherung. In den reichen Gesellschaften heute sieht die Situation anders aus. Man mag dies als Dekadenzphänomen abtun, aber ist es wirklich Dekadenz, wenn ein Mensch an seiner Existenz so abgrundtief leidet, damit hadert, da zu sein, dass er sich ins Nichts wünscht? Hegel hätte hier sagen müssen *nun gut, nichts begriffen*. Monströs ist die Philosophie Hegels deshalb, weil sie über die Lebensschicksale der Einzelnen hinwegschreitet. Hier ist immer alles bereits begriffen, gerechtfertigt. Auf die Idee, dass sich ein Mensch verweigern, darauf bestehen könnte, unversöhnt mit der eigenen Existenz zu hadern, ja mehr noch: auch unversöhnt damit zu hadern, dass Menschen überhaupt Unsägliches zugemutet wurde und wird, ist Hegel nicht gekommen. Er hat alles der Diktatur seines ›versöhnenden‹ Begriffs untergeordnet.

Doch erstens hatte schon Heinrich Heine gesehen, dass dieses Denken eines Absoluten auf nichts anderes hinausläuft als auf einen Atheismus.[45] Wie man ein solches All-Eines nennt, nenne man es Gott, das Absolute oder auch nur Welt, bleibt sich am Ende gleich. Ein solches Göttliches kann nicht retten. Es kann in sich ein-bergen, man kann sagen: alles ist in ihm. Aber es ist eben auch *alles* in ihm, das, was Menschen als beglückend und sinnhaft erlebt und gelebt haben, aber auch jeder Schmerz, die Menschen von anderen Menschen zugefügte Tortur. Weder gibt es dann Gerechtigkeit, noch eine dann nicht mehr schmerzgetriebene Existenz. Ein solches Göttliches wird alles in ein großes Vergessen fallen lassen, und ›es‹ tut es auch nicht, sondern es geschieht. Zweitens sträubt sich schon deshalb alles in mir, mich auf Hegel, ja überhaupt auf ein All-Einheitsdenken einzulassen, weil es die Individuen auf zu vernachlässigende Größen reduziert. Dass der Kosmos unendlich sein könnte, der Mensch mit seiner kurzen Lebensspanne und der doch eigenen Welt in seinem Kopf, seinem Empfinden und was Menschsein noch alles ausmacht, seiner Schönheit und Zerbrechlichkeit dagegen nur eine Randnotiz, ist erschreckend genug; dass alle diese Lebenskosmen eingehen werden in das große Nichts, unterschiedslos sein werden, möchte ich nicht noch denkerisch beweihräuchern, indem ich es das Göttliche nenne.

Nur kann dann das Bewusstsein, überhaupt da zu sein, geboren worden zu sein, als unendlich notvoll erlebt werden. Ob ich es selbst so erlebe, ist etwas anderes; allein die Tatsache, dass es

Menschen gibt, die dies beschreiben, sich das Faktum der eigenen Existenz vorhalten, macht die Frage, ob nicht die Geburt das eigentliche Problem sei, zu einer Frage, die nicht nicht bedacht werden kann. Sie ist schon deshalb zu bedenken, weil sie von Menschen gestellt wurde und wird und in eins damit die Frage nach dem Suizid aufwirft. Aber wer über sie nachdenkt, mit ihr ringt, wird die Einzelschicksale im Blick behalten müssen. Jeder Rigorismus steht mithin im Verdacht, diese zu übergehen.

Es ist genug

Es ist auffällig, dass nicht wenige der Überlebenden einer der größten Barbareien des letzten Jahrhunderts, der Nazityrannei, sich anschließend mit der Frage quälten, warum sie überlebt hatten und unzählige andere nicht.[46] Doch nicht nur dies. Es scheint so zu sein, dass gerade in diesen zugespitzten Situationen die Frage, ob nicht das Grundübel sei, überhaupt geboren worden zu sein, ihre nagende Kraft entfaltet. Brahms war sensibel für die Abgründigkeiten der Geschichte, und dennoch hat er die Frage nach dem möglichen Unglück der Natur anders, man könnte fast sagen: existenzphilosophisch gestellt. Bei vielen Überlebenden des Holocaust ist sie anders nuanciert. Warum nicht ich und warum die anderen? War nicht auch ich »rechtmäßig« zur Vernichtung bestimmt?

Paul Celan, Jean Améry oder auch Peter Szondi haben so gefragt, um nur einige wenige zu nennen. Viele haben sich wie diese drei schließlich das Leben genommen. Wie viele Menschen, die nicht so sehr in der Öffentlichkeit standen wie diese, aus Scham, überlebt zu haben, in den Suizid gingen, dürfte schwer zu sagen sein. Mir sind keine Zahlen bekannt.

Das Stück *Ich wandte mich und sah alles Unrecht, das geschah unter der Sonne. Ekklesiastische Aktion für zwei Sprecher, Baß-Solo und Orchester* war die letzte Komposition Bernd Alois Zimmermanns (1918–1970). Wie stark diese Komposition als Vermächtnis gedacht war, ob diese Komposition sein abschließender Kommentar zu den Schrecken der Geschichte sein sollte, ist nicht zu entscheiden. Vieles deutet darauf hin. Wenige Tage nach der Uraufführung hat Zimmermann seinem Leben ein Ende gesetzt. Seine Familie hatte er zuvor in die Ferien geschickt. Man kann dies rücksichtslos nennen, ich tue dies nicht. Das eigentliche Dilemma des Freitodes wird mich noch beschäftigen. Dabei gehe ich davon aus, dass nicht jeder Suizid als krankhaft, als Konsequenz einer psychopathologischen Situation verstanden werden muss; wer hier prinzipiell pathologisiert, spricht dem Menschen die radikalste Möglichkeit des Sich-Verhaltens zu sich selbst ab. Das Spektrum der Verzweiflungsformen dürfte immens sein, und grundsätzlich dürfte es sehr schwer sein, zwischen krank und nichtkrank zu unterscheiden. Es finden hier notwendig Klassifizierungen, das heißt: Zuschreibungen statt. Wer in den Tod geht, wird Gründe dafür haben, und diese Gründe werden immer verzweifelter Natur sein. Ich bin deshalb aber noch nicht bereit, Menschen wie Zimmermann zu unterstellen, sie seien nicht mehr Herr der Lage gewesen – hätten ihrer ›Entscheidung‹ gegenüber keine Freiheit mehr gehabt. Verzweifelt zu sein, ist ein Menschenrecht, wie auch die abgemilderte Form der Melancholie ein Menschenrecht ist.

Auch Zimmermann nimmt, wie bereits bei Brahms gesehen, Kohelet auf: »Ich wandte mich und sah an alles Unrecht, das geschah unter der Sonne«.[47] In der *Ekklesiastischen Aktion* inszeniert Zimmermann die Auflösung jeglicher Ordnung von musikalischer Formsprache. Er zitiert den Prediger, und er kombiniert

Zitate vom Prediger mit Zitaten aus der Großinquisitorenlegende Dostojewskis. Die Schergen sind zu mächtig, es gibt keinen Trost für die, die gelitten haben. Deshalb werden die Toten gelobt, die schon gestorben sind, mehr als die Lebendigen, die noch das Leben haben. Und Gott – in der Gestalt Christi – wird verflucht, weil er dem Menschen mehr gegeben hat, als dieser zu leisten vermochte: Er ist zu schwach und zu niedrig für die Freiheit. Während die Theologie immer behauptet hat, in der Gottebenbildlichkeit des Menschen liege dessen Auszeichnung, dreht Zimmermann die Verhältnisse um: Es ist das Dilemma des Menschen, überhaupt zur Freiheit verurteilt zu sein, weil er eben nicht Gott ist: »Hättest Du ihn weniger geachtet, so hättest Du auch weniger von ihm verlangt, und das wäre der Liebe näher gekommen, denn seine Bürde wäre dann leichter gewesen.«[48] Des Erbarmens würdig ist der Mensch, wie Zimmermann ihn komponiert: Aber da ist niemand, der ihm beiseite spränge. Kein Gott, kein »Gesell«: »Fällt ihrer einer, so hilft ihm sein Gesell auf. Fällt ihrer einer – Fällt – einer ... Weh dem! Weh dem, der allein ist!«[49] Es sind Verse des Predigers, mit denen die *Ekklesiastische Aktion* endet.

Zimmermann betreibt nicht weniger als die totale Dekonstruktion der Musiksprache. Und er bricht nochmals mit jeglicher christlicher Verheißungsutopie, indem er am Ende Bachs Choral *Oh Ewigkeit, Du Donnerwort* zitiert. Wie drastisch der von Zimmermann vollzogene Bruch ist, wird deutlich, wenn man sich auch nur kurz vergewissert, was Bach macht.

In Bachs Kantate kommt die gesamte spätmittelalterliche Heilsangst zum Ausdruck. Von großer Traurigkeit ist im Eingangschoral die Rede, das Herz ist so erschrocken, dass die Zunge am Gaumen klebt. Furcht und Hoffnung dialogisieren miteinander. Die Kantate handelt von der Todesangst: »Der Tod bleibt doch der menschlichen Natur verhaßt ...«. Doch ist es nicht nur die Angst vor dem Tod selbst, die in der Kantate Thema ist. Wer sie sang, zuhörte, lebte noch in einem Weltbild, das Gott zur Voraussetzung hatte, und dieser Gott war der Gott, der um den Menschen weiß: »Doch nun wird sich der Sünden große Schuld vor mein Gesichte stellen«. Allerdings lebt die Kantate von der Verheißung, dass Gott nicht verurteilen wird – wobei man sagen muss: mehr oder weniger. Die bereits seit den Anfängen christlicher Theologie im Raum stehende, dann von Augustinus zementierte Vermutung, dass Gott dann doch nur einige in seiner Gnade retten könnte, es keineswegs gewiss ist, Rettung durch Gott zu finden, ist auch in dieser Kantate präsent. Die Furcht bleibt, sie wird im Zentrum der Kantate, der Arie, durch den Alt präsent gemacht – aber durch den Tenor beruhigt: »Mich wird des Heilands Hand bedecken ...«

Und Zimmermann? Er zitiert den Choral Bachs an, lässt die ersten Takte erklingen – und bricht ab. Finis. Noch einmal wird die Erzählung von dem fürsorgenden Gott, dem Gott einer Heilsgeschichte aufgerufen. Aber sie beruhigt nicht mehr. Die *Ekklesiastische Aktion* erinnert die Gräueltaten der Geschichte, versammelt und dekonstruiert zugleich alle musikalischen Formsprachen, es wird zertrümmert – um eines den Zuhörenden (oder täusche ich mich?) zu sagen: Es gibt kein Telos der Geschichte. Alles ist nur das, zu dem es geworden oder zu dem es gemacht worden ist. Der Mensch ist eine Überforderung.

Und die Theologie?

Eines muss man Augustinus zugestehen. Er war zumindest konsequent, als er um der Ehrenrettung Gottes willen die Erbsünde erfand und so die gesamten Weltübel dem Menschen meinte zuschieben zu können. Konsequent war er insofern, als er das Provokationspotenzial der Vorstellung einer Schöpfung aus dem Nichts erahnte. Wenn Gott aus dem Nichts heraus schuf, will sagen: er keiner Notwendigkeit in seinem Schöpfungshandeln unterlag und ihm kein anderer, das heißt kein zweiter Gott, in der Quere stand, als er schuf, dann verdankt sich alles, was die Welt ausmacht, am Ende ihm. Selbst für das moralisch Böse ermöglicht dann er die Bedingung, nämlich endliche Freiheit. Hätte er dann die Welt nicht besser unterlassen? Musste er in seiner Omnipotenz nicht zumindest die Möglichkeiten dessen vorhersehen, was würde geschehen können?

Es ist nur konsequent, Gott mit dieser Frage zu belasten; sich hier zu verweigern, hieße nur, nicht tatsächlich mit der Freiheit Gottes zu rechnen. Man kann Gott entlasten durch theologische Strategien, ihn aber gerade so nicht ernstnehmen, drastischer: nicht ihn tatsächlich ›würdigen‹ in seiner Freiheit. Der Mensch hat Gott gemäß dem gedacht, was er selbst aus sich machen könnte. So wie der Mensch über sich denkt, denkt er auch über seinen Gott. Ob der Gott, den der Mensch sich denkt, auch existiert, steht auf einem anderen Blatt. Ihn nicht an dem zu bemessen, was der Mensch als das moralisch Gebotene und den Inbegriff von Güte einsieht, hieße sich selbst zu verraten und Gott das Attribut der Heiligkeit abzusprechen. Entweder der Mensch will sich in der Würde seiner Freiheit, die sich auf eine Anerkennungsmoralität anderer Freiheit verpflichtet hat, oder er will sich nicht so. Will er sich aber als eine Freiheit, die sich dem Würdeimperativ unterwirft, so wird er, in dieser Weise religiös musikalisch geworden, auch den möglichen Gott nicht davon entlasten, an der einen Partitur mitzuschreiben (Hans Zender). Sören Kierkegaards Entweder-Oder ist jenseits von dessen auf die Sünde fixierten anthropologischen Ausgangspunkt durchzuhalten. Kein Mensch darf Gott aus seinem moralischen Paradigma entlassen.

Wenn aber bereits die Zeugung neuen Lebens durch Menschen keiner Notwendigkeit unterliegt, diese – jedenfalls unter den Bedingungen moderner Möglichkeiten des Auslebens von Sexualität – zutiefst kontingent ist, das heißt: Realisierung von Möglichkeit ist, so fragt sich doch, ob der, der als der Inbegriff der Realisierung von Möglichkeit gilt, Gott, nicht dem Menschen ebenbildlich eine intensive Verantwortung aufgeladen hat. Kinder mögen eines Tages ihre Eltern fragen, warum sie ihnen ihre Existenz zugemutet haben. Zwar dürfte diese Frage nur sehr selten so explizit gestellt werden. Aber das kann kein Einwand dagegen sein, dass ihr ethisch eine grundsätzliche Bedeutung zukommt. Sollen Kinder ihren Eltern nicht das Faktum ihrer Existenz vorwerfen dürfen? Weil ihnen ein nachträgliches Ja zu ihrer Existenz abgenötigt wird, dem sie sich kaum zu entziehen vermögen? Wer ein Kind zeugt, kann nur hoffen, dass dieses Ja zu seinem Leben sagt; es kann nur erbeten werden. Für Gott ist dies nicht anders. Auch er kann nur hoffen, dass ein jeder Mensch zustimmt.

Aber diese Wahl ist bereits »vollständig mit Faktizität affiziert«, weil der Mensch »ja nicht umhinkann zu wählen«.[50] Und diese Faktizität ist eingelassen in Geschichte und Gesellschaft, vollzieht sich immer konkret. Sie ist damit einverwoben in eine Menschheitsgeschichte, zu der der Mensch sich in ein Verhältnis setzen muss und der gegenüber er verantwortlich ist. Dies gilt philosophisch, aber eben auch theologisch, wenn man diese Faktizität, wählen zu müssen, unter den Vorzeichen des freien Gottes versteht. Gott mutet damit dem Menschen nicht nur die Aufgabe zu, sich zum Faktum der eigenen Geburt zu verhalten, sondern auch die, sich zu dieser Menschheitsgeschichte in ein Verhältnis zu setzen. War es diesen Preis wert? Wiegt das Glück das Unglück auf? Wer kann diese Frage beantworten? Nur die Einzelnen, je für sich. Bernd Alois Zimmermann hat die Frage auf seine Weise beantwortet.

Exkurs: Nachdenken über den Suizid

Wenn ich es recht sehe, wird die Frage, ob es grundsätzlich legitim sein kann, sich selbst das Leben zu nehmen, systematisch-theologisch verschwiegen.[51] Eine Ausnahme hiervon bildet die Frage des ärztlich assistierten Suizids. Medizinische lebenserhaltende Maßnahmen werden immer effizienter, und so gelangen immer mehr Menschen in ein hohes Alter, die aber oft auch entsprechend reduziert sind in ihren körperlichen und geistigen Möglichkeiten. Verwundern kann es von daher nicht, dass die Debatte, ob das Leben um jeden Preis bis an sein ›natürliches‹ Ende zu leben ist oder ob man nicht selbstbestimmt aus dem Leben gehen darf, immer mehr an Fahrt gewinnt. Es mag sein, dass Vereinsamungserfahrungen am Lebensende diese Frage forcieren, und selbstverständlich ist in einer Gesellschaft, die sich normativ an der unbedingten Würde eines jeden einzelnen Menschen orientiert, alles zu tun, dass Sterbenskranke palliativmedizinisch versorgt werden und sie menschliche Zuwendung erfahren. Damit ist aber die grundsätzliche Frage, ob die Selbsttötung oder aber auch der erbetene assistierte Suizid moralisch vertretbar sind, noch nicht beantwortet.

Dabei fällt es schwer, sich vorzustellen, dass es einen Menschen gibt, der sich noch nie gefragt hat, ob sich das Leben noch lohnt. In letzter Ernsthaftigkeit dürften diesen Schritt, tatsächlich aus dem Leben zu gehen, nur wenige Menschen überlegen. Gleichwohl scheint sich in der Möglichkeit, sich selbst das Leben zu nehmen, der Mensch in radikalster Weise zu begegnen. Ob dies moralisch erlaubt sein kann, wird dann als Frage unausweichlich.

Ich komme auf diese grundsätzliche Frage zurück, deute aber bereits an, dass ich keineswegs sicher bin, ob es überhaupt ein grundsätzliches Argument gegen das Selbsttötungsverbot gibt. Zunächst jedoch muss geklärt werden, wie es überhaupt dazu kam, dass bis heute theologisch unisono festzustehen scheint, dass die Selbsttötung dem Willen Gottes widerspricht.

Selbstmord als Sünde: Augustinus

Im biblischen Denken finden sich nur selten Stellungnahmen zur Selbsttötung. In alttestamentlicher Zeit wurde die Selbsttötung kaum einmal thematisiert, eine moralische Verurteilung des Suizidanten lag den Theologen Israels fern.[52] Dies könnte überraschen. Schließlich ist der Gott Israels doch ganz entschieden ein Gott des Lebens, so dass man mutmaßen könnte, dass dieser Gott sich rigoros gegen jede Form von Selbsttötung stellt. Vielleicht lag es am Realismus Israels, mit Situationen zu rechnen, die angesichts von Alternativlosigkeit und des Sich-Verbergens Gottes die Selbsttötung zur einzig verbleibenden Möglichkeit werden lassen. Der Tod wird nicht gesucht, im biblischen Denken geht es um dieses Leben, aber es gibt das Zugeständnis auswegloser Situationen wie etwa die des Martyriums um Gottes willen. Neutestamentlich ist der Befund ähnlich sparsam. Das Martyrium um des Glaubens willen wird selbstverständlich akzeptiert, dass aber jemand selbstbestimmt aus dem Leben gehen will, weil ihm dieses nicht oder nicht mehr als lebenswert erscheint, ist schlicht kein Thema.

Dies wird sich ändern. Endgültig mit Augustinus erfährt die Selbsttötung eine scharfe Ablehnung[53] und auch eine entsprechende Sanktionierung: Wer sich selbst tötete, wurde noch bis ins 20. Jahrhundert hinein nicht auf einem christlichen Friedhof in geweihter Erde bestattet. Suizidanten galten faktisch als Exkommunizierte, weil sie die göttliche Ordnung in nicht überbietbarer Weise verletzt hätten. Weil der Selbstmord eine Todsünde darstellte, erübrigte sich – seit dem Jahr 563 n.Chr. auf dem Konzil von Braga entsprechend festgelegt – selbst das Lesen einer Seelenmesse.[54] Ökonomisch gesprochen: Selbst dies kann denen, die sich das Leben genommen haben, nicht mehr helfen, sie haben jede Möglichkeit verwirkt, selig zu werden. Neben dem – letztlich nicht wirklich begründeten – Argument von der Heiligkeit des Lebens war und ist es die Vorstellung eines Eigentumsrechts Gottes am Leben seines Geschöpfs, die jetzt bestimmend wurde. Weil Gott das Leben ins Dasein gerufen hat, so lautet die Begründung, ist es auch sein unveräußerliches Recht, es wieder zu beenden. Wer sich selbst tötet, begehrt damit gegen den Schöpfer auf.

Gegen dieses rigoros vorgetragene Argument vermag dann der Verweis von Menschen nichts mehr auszutragen, die von sich sagen, nicht mehr zu können, die nur noch dahinsiechen, an Schmerzen leiden, innerlich leer, müde sind – die keinen Sinn mehr darin sehen weiterzuleben. Augustinus lässt nichts gelten, was den Selbstmord doch rechtfertigen könnte, auch nicht die Begründung, dass sich jemand außerstande sieht, »hartes Geschick oder fremdes Unrecht zu ertragen«. Und genauso wenig das Argument, nicht »den Feinden in die Hände [...] fallen« zu wollen.[55] Prominent ist der Fall der Römerin Lukretia, die sich nach einer Vergewaltigung das Leben nahm. Augustinus denkt darüber nach, ob – ich bleibe in der antiken Sprachwelt, selbstverständlich müsste der Akt einer Vergewaltigung anders beschrieben werden – es überhaupt die verlorene Keuschheit gewesen sei, die sie in den Selbstmord getrieben habe. Er erwägt, ob Lukretia überhaupt schuldlos gewesen sei, wie »wenn sie, von eigener Lust gelockt ... dem jungen Mann, der gewaltsam auf sie eindrang, insgeheim zustimmte und dann darüber dermaßen sich selbst zürnte, daß sie diese Sünde mit dem Tode glaubte sühnen zu müssen«.[56] Was Augustinus fordert, ist nicht weniger, als dass selbst im Fall einer Vergewaltigung die Frau ihren Körper durch den Geist zu beherrschen habe. Dass er überhaupt auf die Idee kommt, Lukretia könnte heimlich doch zugestimmt haben, habe sexuelle Befriedigung empfinden können, sagt vielleicht mehr über die innere Disposition des Augustinus aus als darüber, was eine Frau, die vergewaltigt wird, empfindet. Sexuelle Lust zu empfinden ist für Augustinus Sünde, einen Selbstmord rechtfertigt dies aber dennoch nicht.

Es ist eine verquaste, von Sexualfeindschaft besetzte Gedankenwelt, die sich hier auftut, und sie ist gnadenlos. Thomas von Aquin wird sich der Verurteilung derjenigen, die selbst dem Leben ein Ende setzen, anschließen,[57] und Dante wird etwa zeitgleich in seiner *Divina Commedia* in der Beschreibung des siebten Kreises der Hölle die Selbstmörder aller Zeiten versammeln[58]. Dante bringt die, die sich selbst das Leben nehmen, dorthin, wo die schlimmsten Sünder, Mörder, Räuber und der Sodomie Verfallene, ihre ewigen Strafen erleiden. Es sind die, die das Böse wissend getan haben, nicht also aus Unwissenheit sündigten.

Damit wird unterstellt, dass es ein selbstverständliches, sozusagen ›natürliches‹ Wissen im Menschen gibt, sich nicht selbst das Leben nehmen zu dürfen.[59] Suizidanten verstoßen somit gegen ihre Natur.

Nichts kann in dieser Logik die Selbsttötung rechtfertigen. Auch schwerstes physisches Leiden muss ausgehalten werden, und zwar so lange, bis die ewige Seligkeit erreicht ist. Dass das Leiden über diese Ausdeutungspraxis mystifiziert wurde, hat, frömmigkeitshistorisch betrachtet, das physisch-psychische Leiden nochmals verschärft. Denn dieses geistlich aushalten, in eine größere Gottesnähe hinein verarbeiten zu sollen, stand nun noch als zusätzliche Forderung im Raum. Der Herr hat es gegeben, und nur der Herr darf dem Leben ein Ende setzen. Dass Leiden und Sterben anzunehmen seien, wird im Verlauf der Geschichte zum Inbegriff christlicher Spiritualität. Das Leiden wird mystifiziert, zum eigentlichen Ort der Gotteserfahrung stilisiert. Die Selbstbehauptungsrevolten gegen diese Leidensverklärungen und Weltverachtungsrhetoriken wurden unausweichlich.

Von dieser Leidensmystifizierung hat sich die Theologie – jedenfalls in Teilen – glücklicherweise getrennt. Aber damit steht immer noch die Frage nach der moralisch-ethischen Legitimität des Suizids im Raum. Ihr wird meistens bis heute mit den althergebrachten, bei Augustinus und Thomas von Aquin aufgelesenen Argumenten begegnet, auch wenn man immerhin nicht mehr zu einer drastischen Sündenrhetorik greift und die Suizidanten in der Hölle sich aufhalten sieht. Moderne Theologie neigt dazu, Suizidanten zu pathologisieren, sie stellt sich hingegen kaum einmal der Frage, ob es nicht doch ein Recht des Menschen geben könnte, das eigene Leben selbst, das heißt aktiv zu beenden.

So auch der *Katholische Erwachsenenkatechismus*, auch wenn er die möglichen Gründe für die Selbsttötung differenziert. Man geht hier davon aus, dass die allermeisten Suizide am Ende einer Entwicklung stehen, Menschen ungewöhnliche Lebenskrisen durchlaufen, es ihnen an Anerkennung und Selbstwertgefühl fehlt. Gleichzeitig wendet man sich scharf gegen eine »Verherrlichung der Selbsttötung«;[60] heutige Stimmen, »die vom Recht auf den Tod und von Freiheit zum Tod« sprächen, weil ja auch niemand gefragt worden sei, ob er oder sie überhaupt leben wolle, schlössen sich den antiken Stoikern an, »die den Suizid verherrlicht« hätten.[61] Ich erlaube mir, die Passage, in der zunächst mögliche Gründe gegen den Suizid angeführt werden, dann dessen sittliche Illegitimität begründet wird, ausführlicher zu zitieren: »Das Argument der Freiheit besagt, daß die bewußt gewollte Selbsttötung als Akt der freien Entscheidung die Freiheit vorzeitig an ihr Ende bringt und dadurch in letzter Konsequenz das Andauern gelebter Freiheit und Selbstannahme verweigert. Das Argument der Geschöpflichkeit besagt, daß derjenige, der sich selbst tötet, sich gegenüber Gott, dem wir unser Leben verdanken, verweigert und selbstmächtig die Zeit abbricht, die Gott ihm als Heilschance zugedacht hat. So ist die Verweigerung gelebter Freiheit zugleich die Verweigerung Gott gegenüber. Bewußte und freiwillige Selbsttötung, auch wenn sie aus hohen Motiven geschieht, ist sittlich nicht gerechtfertigt. Frei gewollte Selbsttötung, durch die jemand bewußt seine Autonomie dokumentieren will, ist ihrer ganzen Natur nach eine Absage an das Ja Gottes zum Menschen. Sie ist auch eine Verneinung der Liebe zu sich selbst, zum natürlichen Streben nach Leben und zur Verpflichtung der Gerechtigkeit und Liebe gegen den Nächsten und gegen die Gemeinschaft.«[62] Hier wird eins zu eins das unbedingte Verbot der Selbsttötung wiederholt, wie es sich bei Augustinus und dann, im Argumentationsspektrum ergänzt, bei Thomas von Aquin findet. Es ist der Geschenkcharakter des Lebens, auf den argumentiert wird; dann wird auf ein bleibendes Eigentumsrecht Gottes am Menschen rekurriert, gegen das im Fall der Selbsttötung verstoßen werde, schließlich auf den natürlichen Selbsterhaltungstrieb des Menschen verwiesen.

Aber schon die Frage, was denn eigentlich ›natürlich‹ sei, zeigt, wie schwach hier argumentiert wird. Ich hatte bereits angefragt, ob es überhaupt einen Menschen gibt, der noch nie darüber nachgedacht hätte, ob sich das Leben noch lohnt. Wenn sich der Horizont verdüstert, sich die Sinnfrage aufdrängt, weil das erlebte Leben nicht als erfüllend erfahren wird, der Körper von Schmerzen gepeinigt wird, drängt sich die Frage auf. Es könnte deshalb doch auch so argumentiert werden, dass es natürlich sei, sich zu fragen, ob das Leben noch Sinn macht – und dann, wenn man zu einem negativen Urteil kommt, es ebenso natürlich sei, dieses auch zu beenden. Der Mensch *kann* sich selbst töten, weil es in seiner Natur liegt, sich dazu bestimmen zu können. Die Natur des Menschen liegt darin, sich selbst als leibliches Wesen in Freiheit steuern zu können.

Eben damit aber sticht der Mensch aus der sonstigen biologisch beschreibbaren Natur heraus. Karl Löwith verweist auf den Hund, der aufhört zu fressen, wenn sein Herr stirbt; dies sei aber kein Selbstmord, denn: Wie der Hund habe sich der Mensch zwar auch nicht selber ins Dasein gebracht, dieser aber könne »den Akt der Selbstvernichtung vollziehen, weil er überhaupt von allem, was ist, und nicht zuletzt von seiner eigenen natürlichen Existenz, Abstand nehmen«[63] könne. Weil der Mensch Abstand nehmen kann, er – dies freilich immer situativ gebunden, das heißt zumindest relativ im Ungewissen bleibend, was die Zukunft bringen könnte – bilanzierend auf sein Leben zu blicken und zu fragen vermag, was noch möglich sein wird, gehört es geradezu zur Natur des Menschen, seine Selbsttötung zumindest zu erwägen. Dem Menschen stellen kann sich die Frage nur, weil es seine ›Natur‹ ausmacht, nicht natürlich zu sein, das heißt nicht ausschließlich instinkthaft gesteuert agieren zu können. Seit der Mensch in keinem ›Paradies‹ mehr weilt, in dem nur die Instinkte herrschen, nicht aber Freiheit ist, stellen sich ihm so abgründige Fragen wie die nach der Selbsttötung. Und nur deshalb, weil der Mensch aus dem Reich der Unmittelbarkeit ausgebrochen ist, kann er auch das Leben annehmen, es als Geschenk empfinden, aber: Er kann es eben auch verweigern. Dies ist das Recht der Freiheit, auch vor Gott. Wenn Gott deshalb das Leben schenkt, wie der Erwachsenenkatechismus argumentiert, so ist damit noch nichts darüber gesagt, ob der Mensch dieses Geschenk auch annehmen muss. Und ist das Leben Gabe, so kann Gott auch nur ersehnen, dass der Mensch diese annimmt, kann aber keine Dankbarkeit einfordern, sondern nur erhoffen.

Bezogen auf die Tradition differenziert der Erwachsenenkatechismus lediglich in dem Punkt, dass das Spektrum der Suizidanten unterschieden wird; es werden die empirischen Forschungen der Humanwissenschaften einbezogen. Das strikte Verbot der Selbsttötung bleibt, aber: Der Katechismus rechnet damit, dass ein Gutteil der Menschen, die in den Tod gehen, dies eben nicht freiwillig tut, sondern weil sie krankhafte Veränderungen in ihrer Gemütslage aufweisen.

Wie frei ist der Suizid?

In der Tat verweist die empirisch-humanwissenschaftliche Suizidforschung darauf, dass ein Großteil der Suizidversuche am Ende eines schleichenden Prozesses steht. Damit ist aber noch nichts darüber ausgesagt, ob es sich bei diesen Versuchen tatsächlich um Bilanzsuizide handelt, sprich: dass eine tatsächliche Abwägung in Freiheit geschieht.[64] Wie viel an tatsächlicher Willensfreiheit unterstellt werden kann, wenn Menschen beschließen, ihrem Leben ein Ende zu setzen, ist eine gravierende Frage. Unterstellt man, dass kein Suizidant frei ist, seine Freiheit sich aufgezehrt hat durch das Gefühl von Sinnlosigkeit in ihm, so würde sich allerdings die Frage, ob die Selbsttötung legitim sein kann oder nicht, als moralische Frage erübrigen. Potenzielle oder auch tatsächliche Suizidanten sind dann als psychisch krank einzustufen, und wer davon überzeugt ist, dass das Leben einen unschätzbaren Wert darstellt, darf sich darin legitimiert wissen, nichts unversucht zu lassen, andere Menschen davon abzuhalten, in den Tod zu gehen.

Kein Mensch geht leichtfertig in den Tod. Von daher verbietet es sich, zu meinen, der Mensch könne prinzipiell keine schwerwiegenden Gründe haben, dieses Leben in Freiheit nicht mehr zu wollen. Und die empirische Forschung zum Suizid scheint auch zu bestätigen, dass viele zu diesem letzten Mittel greifen, weil sie keinen Ausweg mehr sehen, keine Lösung mehr – für *ihre* spezifische Situation. Die Entscheidung über diese Situation geschieht, wie Löwith schreibt, in »radikaler Vereinzelung auf sich selbst«, er fügt aber hinzu: »scheinbar«.[65] Immer geht der Kontext, die bereits bewusst oder unterbewusst erlebte Biographie in die Entscheidung mit ein. Dies unterscheidet diese Entscheidungssituation aber nicht von anderen Situationen, in denen entschieden wird. Nie ist ganz klar, was motiviert. Und im Fall des Suizids kann nie gewusst werden, ob sich doch noch ein anderer Möglichkeitshorizont geöffnet hätte; von daher ist diese Entscheidung tatsächlich radikal ungewiss. Geht der Mensch aber in diese Entscheidung hinein, wird er sich radikal innerlich.

Nur in der innersten Innerlichkeit kann der Mensch sich zu diesem letzten Schritt, mit sich selbst umzugehen, entscheiden, es *tun*. Dann ist die Einsamkeit total, findet keine Zwiesprache mehr mit der sozialen Umwelt statt.

Ich rede hier nicht von denen, die den Selbstmord androhen, die entweder noch nicht auf der Schwelle sind oder aber, dies dürfte es zuhauf geben, eigentlich der Zuwendung in welcher Form auch immer bedürften. Es geht mir um die, die diesen letzten Akt vollziehen und für diesen Akt Freiheit beanspruchen. Deren Zwiesprache ist als eine nur noch nach innen gewandte zu bestimmen. Aber sie bleibt als diese bezogen auf die Umwelt. Und diese Zwiesprache (es darf in diesem Fall zwar gefragt werden, ob Menschen freiwillig in diese eintreten, nicht aber, ob es *ihre* Zwiesprache mit sich ist) ist es, die das ›ich‹ in die einsamste ihm nur mögliche Entscheidung seines Lebens zwingt. Von dieser totalen Einsamkeit können, konsequent zu Ende gedacht, deshalb auch nur die etwas erfahren haben, die diesen Schritt gegangen sind. Jean Améry hat dies eindringlich beschrieben.[66] Ich weise darauf hin, weil hier eine der Grenzen dieser Überlegungen liegt. Ich kann mich nur annähern an das, was es zu beschreiben gilt, und gleichzeitig gilt es, sich dieser Situation anzunähern, diesen Raum der innersten Innerlichkeit auszudeuten, um die Frage nach der moralisch-ethischen Möglichkeit des Suizids überhaupt erörtern zu können.

Kein Recht, Gründe abzusprechen

Immer, wenn entschieden wird, geht dies nur je individuell, einsam – auch wenn selbstverständlich in diese Entscheidung das eingeht, was als ›Umwelt‹ im weitesten Sinn erlebt wurde und wird. Der Mensch ist ein soziales Wesen, existiert nicht solitär, auch wenn er seine Entscheidungen allein zu treffen hat. Es ist die Welt, die den Menschen umgibt, mit der er sich immer bereits konfrontiert sieht, im Kleinen und im Großen. Von daher gehen immer auch ›Umwelt‹-Gründe in diese Entscheidung ein.

Diese ›Umwelt‹-Gründe können sehr unterschiedlich sein. Löwith hat auf die massenhaften Selbstmorde deutscher Juden zur Zeit der Nazi-Terrorherrschaft hingewiesen. Man habe sich nicht nur getötet, »um der Deportation und Vergasung zu entgehen, sondern aus der Verzweiflung über die grenzenlose Entwürdigung, in dem Bewußtsein, daß man für die anderen überhaupt nicht mehr ein Mensch war, sondern ein auszurottendes Ungeziefer.«[67] Löwith erinnert an größte Not, nackte Überlebensangst, die bei vielen Juden während der Nazi-Terrorherrschaft längst umgeschlagen war in das Bewusstsein von totaler Ausweglosigkeit, und er erinnert an die Demütigung, angeblich kein Mensch mehr zu sein. Andere haben unter dem Terror gelitten, als das Regime längst zu Ende war. Sie wurden von der Frage gequält, warum sie überlebt hatten und unzählige andere nicht, und nicht wenige der Überlebenden haben sich das Leben genommen, obwohl sie, während der Terror tobte, verzweifelt um ihr Leben kämpften. Und auch, wenn es mich schaudert, sie zu nennen, quasi im gleichen Atemzug: Auch von denen, die das Massenmorden und den Krieg angezettelt hatten, hat sich so manch einer selbst getötet. In diesem Fall, um sich der Verantwortung zu entziehen. Aber nicht um die geht es mir in meinen Überlegungen. Wurde in der Geschichte Gewalt ausgeübt, wurden Menschen gequält, gefoltert und mit dem Tode bedroht, so war dies immer begleitet von Selbsttötungen. Menschen haben sich dem entzogen, um sich eine letzte Würde zu bewahren.

Will man diese Menschen im Nachhinein pathologisieren? Ihnen unterstellen, sie hätte diese ihre letzte Entscheidung nicht in Freiheit getroffen? Selbstverständlich haben sie sie nicht freiwillig getroffen, aber in Freiheit. Weder ist es möglich, ihnen diese grundsätzlich abzusprechen, noch gibt es ein Recht dazu.

Auch bezogen auf diejenigen, die schlicht nicht mehr wollen, weil sie nicht mehr können, die das Leben nicht mehr ertragen können, gibt es kein Recht, ihnen abzusprechen, das Leben so zu erleben. Gemeint sind die, denen das Leben physische Schmerzen zufügt, denen diese Schmerzen unerträglich sind – und die deshalb nicht mehr wollen. Dabei ist allein entscheidend, dass der Schmerz subjektiv so empfunden wird; es gibt kein Recht, den Schmerz eines anderen Menschen durch Vergleich zu relativieren. Und dies gilt auch für die Dimension des psychischen Erlebens. Lässt sich von außen beurteilen, wie stark verdunkelt ein Lebensgefühl ist? Und lässt sich sagen, dass Menschen, denen sich das Lebensgefühl verdunkelt hat, keine Freiheit mehr haben? Lässt sich zwischen einer abgründigen Melancholie und Depression wirklich sauber unterscheiden? Zwar gibt es im Fall des Spektrums von Depressionen beschreibbare, endogen bzw. exogen auslösende Faktoren, die dann, wenn sie behandelt werden, keine entsprechenden Folgen mehr zeigen. In diesem Fall wäre davon zu sprechen, dass das, was das Leben bislang so negativ bestimmt hat, dass es in sich versank und keine lebenswerte Zukunft mehr verhieß, wieder nach vorne geöffnet wurde, sodass neue, akzeptable oder gar glücklich machende Freiheitshorizonte eröffnet wurden. Aber kann man daraus ableiten, dass es nicht auch Menschen gibt, denen das Leben so still wurde, aussichtslos, dass sie sich frei dazu entschließen, diesem ein Ende zu setzen, sich selbst zu töten?

Was ist normal?

Wer Suizidale pathologisiert, ordnet sie in die Gruppe der Nicht-Normalen ein und setzt damit voraus, zu wissen, was normal ist. In jedem Fall geht eine verallgemeinernde Pathologisierung an der Bandbreite der Phänomene vorbei. Weder wird dann noch zugelassen, dass es zu selbstverständlich immer situativ bedingten, aber gleichwohl freien Entscheidungen kommt, dem Leben ein Ende zu setzen. Noch darf ein melancholisches Bewusstsein sein, das infiziert ist von der Abgründigkeit des Lebens, präziser müsste man sagen: das sich nicht beruhigen lassen will angesichts der Schrecken von Natur und Geschichte, damit aber noch keineswegs krank genannt werden muss. Die totale Therapiegesellschaft will nur nicht wahrhaben, dass der Mensch ein »der Tröstung fähiges Wesen«[68] ist, es vielleicht aber keinen Trost gibt. Deshalb ist eine solche Gesellschaft auch eine Verdrängungsgesellschaft. Dass es gute Gründe dafür gibt, über das Leben melancholisch zu werden, weil man sich nicht abfinden will mit dem Leben, so wie es ist, stört die Abläufe. Und so unterstellt die Pathologisierungsstrategie denen, die nicht mehr leben wollen, keine Freiheit zu haben. Aber so, wie kein Mensch das Recht hat zu gehorchen (Hannah Arendt), gibt es auch kein Recht, anderen Menschen abzusprechen, sie hätten Gründe dafür gehabt, so entschieden zu haben, wie sie es faktisch getan haben. Ob es akzeptable Gründe gibt, wird noch gesehen werden müssen.

Wenn ich von Suizid oder Selbsttötung spreche, ist deshalb immer der Freitod gemeint. Denn was als normal und was als anormal gilt, ist hochgradig diskurspolitisch organisiert. Immer wird festgestellt, was *normal* ist, und in eins damit werden die, die diesen Normalitätsstandards nicht entsprechen, für nicht gesund und damit für behandlungspflichtig erklärt. Was abweicht, ist anormal, darf behandelt werden – bis dahin, dass Freiheit beschnitten wird. Bezogen auf die Suizidfrage wird diktiert, dass der Normalfall der Mensch ist, der dem Überlebenstrieb nachkommt. Dies stimmt zunächst; schon deshalb, weil der Wille zur Selbsterhaltung zum biopsychischen Haushalt des Menschen gehört, wird sich kein Mensch leichthin der Frage eines möglichen Freitodes aussetzen; allein der Gedanke daran erschüttert – und niemand, der nicht den Tod gesucht hat, wird auch nur annäherungsweise beschreiben können, was es bedeutet, tatsächlich in diesen Schritt zu gehen.

Allerdings kann man die Frage nach der moralischen Legitimität, in den Freitod zu gehen, nicht dadurch lösen, dass man potenzielle Suizidanten für krank erklärt. Zwar konnte durch die Pathologisierung des Phänomens dessen religiös-moralisierende Stigmatisierung aufgebrochen werden. Gleichzeitig darf aber auch gefragt werden, ob nicht eine Gesellschaft, in der Menschen mit Selbsttötungsabsichten in die Psychiatrie verwiesen werden, in eine paternalistische, am Ende freiheitsunsensible Schieflage gerät. Könnte es sein, dass Suizidanten, einmal unterstellt, dass es Suizidanten gibt, die in völlig klarem Bewusstsein und freiheitsbestimmt in diesen letzten Schritt gehen, deshalb gesellschaftlich pathologisiert werden, weil sie der Gesellschaft – wenn auch ex negativo – Fragen aufzwingen, die keine einfache Antwort mehr zulassen? Etwa die Frage, warum und wie selbst weiterleben, wenn doch anderen dieses einfachste Grundrecht genommen wurde? Warum noch leben, wenn das Leben ein einziger Schmerz ist, selbst die gelebten Beziehungen keinen Sinn mehr zu geben vermögen, der den Schmerz aufwiegt? Warum noch weiterleben, wenn die personale Integrität ihre biologisch-naturale Voraussetzung verliert? Die fortschreitende Demenz das Bewusstsein eindämmern lässt? Warum noch wei-

terleben, wenn die Einsamkeit total wird? Wenn selbst das gut
gemeinte Wort eines anderen Menschen, die erlebte Berührung,
nicht mehr erreicht? Ist es da nicht ›normal‹, einen Schlussstrich
zu ziehen, wenn das Leben keine Zukunft mehr verheißt, die
diesen Namen verdient, zwar nicht alles Erfahrene und Gelebte
nivelliert wird, aber: es auch keinen Grund gibt, zu bleiben?

Natürlich bleibt das Dilemma, den Punkt bestimmen zu müssen,
von dem aus es nicht mehr weitergehen soll. Und dieser liegt
immer in einer Gegenwart, die noch Selbstbestimmung zulässt.
Der Schriftsteller Wolfgang Herrndorf scheint sich sehr kurz vor
dem Verlust der Selbstkontrolle das Leben genommen zu haben.
Walter Jens ist in die Demenz geglitten.

Tabuisiert ist aber gesellschaftlich auch die Frage, was für ein
Leben Qualität darstellt. Wer definiert hier? Inge Jens hat in einem persönlich gehaltenen Nachwort zu einer aktualisierten
Neuauflage des Buches *Menschenwürdig sterben*, das ihr Mann zusammen mit Hans Küng verantwortete, an die glücklichen Momente erinnert, die sie noch zusammen hatten, als die Krankheit
diesem einst so hellwachen Mann jede geistig-intellektuelle
Potenz genommen hatte.[69] Glücksempfinden, lustvolles Genießen, ist nicht an die Fähigkeit rationalen Verstehens gebunden.
Es ist Menschen ablesbar, dass sie Wohlbefinden haben – auch
wenn sie nicht darum wissen. Umgekehrt ist das Wissen darum,
dass es mir gerade gut ergeht, mir wohl ist, auch nicht identisch
mit dem Gefühl, das diese Begriffe ausdrücken wollen. Aber
selbst wenn es Glücksgefühl, Wohlbefinden unabhängig von
rationalem Verstehen gibt, so hat sich die Frage noch nicht erübrigt, ob ein Mensch nicht selbstbestimmt sagen darf, so nicht
leben zu wollen. Entscheidungen werden im Jetzt getroffen, und
hat man sich einmal die Frage vorgelegt, was man im Zweifelsfall
will, wie man situativ entscheiden will, so muss man entschei-

den. Nicht zu entscheiden ist dann auch eine Entscheidung. Und an dieser Grundsituation ändert auch nichts, dass sich durch situative Veränderungen ehemals getroffene Entscheidungen in einem anderen Licht darstellen. Entscheidungen werden immer situativ getroffen, was aber nicht bedeutet, dass in sie keine grundsätzlichen Überlegungen eingingen. Nur können diese modifiziert, vielleicht sogar grundsätzlich revidiert werden.

Erwartungskollisionen und ethische Dilemmata

Das prekäre Dilemma für den, der sein Leben beenden will, besteht eben in den sozialen Bezügen, in denen er steht. Aus dem biologischen Selbsterhaltungsinstinkt lassen sich keine normativen Aussagen ableiten, so wie aus dem in der Biologie des Menschen angelegten Fortpflanzungswillen auch keine sexualmoralischen Schlüsse zu ziehen sind. Täte man dies (und man tut dies jedenfalls in Theologiekontexten), so lägen klassische naturalistische Fehlschlüsse vor. Die Größe des Menschen, aber auch das ihm damit aufgezwungene Dilemma besteht darin, dass er gerade nicht als reines Naturwesen lebt; weil er um sich selbst weiß und er der Gründe fähig ist, er sich mit Gründen selbst orientieren kann, existiert er ausgesondert aus der Welt der nicht um sich selbst wissenden Natur. Seine Natur besteht darin, vielfältig konditioniert zu sein und dennoch relativ zu diesem Geflecht von ihn bestimmenden Faktoren sich selbst bestimmen zu können. So prägt er Natur in Kultur um, und deshalb ist er auch nicht identisch mit den biologischen Grundlagen seiner Existenz. Aber nicht nur dies. So wie er bleibend von diesen Grundlagen seiner Existenz, von der Biologie bestimmt ist, zu der auch der Selbsterhaltungstrieb gehört, ist er ebenso immer bereits geprägt von den Wissenswelten, Ästhetiken und Normativitäten, in die er als soziales und vergesellschaftetes Wesen hineingeboren wird. Sein eigenes Selbst bildet der Mensch in Konfrontation mit diesen Welten aus; neben dem biologischen Rahmen, in dem und als der der Mensch existiert, bilden sie die Grundlage der Art und Weise, wie der Mensch faktisch existiert. Von Selbstbestimmung zu reden, bedeutet deshalb, von der Selbstbestimmung eines konkret existierenden Individuums zu reden, das sich auf diesen Komplex bezieht. Und da sich der Gesamtkomplex ständig verändert, ist jede Selbstbestimmung situativ und auch nur begrenzt zu durchschauen.

Um es anders auszudrücken: Der Mensch ist abhängig von dem, was ihn ermöglicht, aber: Zugleich *ist* der Mensch dieses alles nicht. Er prägt das, was ihm begegnet, drückt ihm die eigenen Vorstellungen auf, indem er Prägungen übernimmt, bejaht, gestaltet – ablehnt. Das Selbst, die Identität eines Menschen entsteht erst im Verlauf dieses Prozesses. Auch das moralische Koordinatensystem, in dem dieses Selbst die Welt betrachtet, entsteht so. Die Bedingungen, die einen Menschen zu dem gemacht haben, was er ist, werden somit nie nur theoretisch-neutral betrachtet, sondern sie werden bewertet, neu organisiert. Ein Selbst zu werden heißt, unterscheiden zu lernen, zwischen dem, was begegnet und möglich ist, und: Es heißt, etwas bewerten. Und so findet sich der Mensch in einem Raum, der der seine ist, der aber zutiefst bestimmt ist von seiner biologischen und sozialen Umwelt, von Geschichte, und von dem, was er selbst bereits aus dem Vorfindlichen gemacht hat. *Dass* er sich aber schließlich so vorfindet, verwoben mit der Welt und als dieses Selbst, hat er sich nicht ausgesucht. Der Mensch ist »dazu verurteilt, frei zu sein«[70] – in ein Verhältnis zu dem zu treten, als das er sich vorfindet, zum Faktum seiner eigenen Existenz. Und damit muss er sich auch zu der Möglichkeit verhalten, dieser Existenz ein Ende setzen zu können. Denn auch dies gehört zu diesem Faktum, als das er sich vorfindet.

Für den Menschen ist die Situation noch weitaus prekärer als bisher beschrieben. Er ist nicht nur dazu verurteilt, zu sein, sondern er selbst hat sich dazu verurteilt, moralisch sensibel zu agieren, weil er sich bereits dazu bestimmt *hat*. Nur deshalb existiert er in dieser prekären Situation. Über dem Menschen schwebt kein ehernes, autoritär gebietendes Moralgesetz, ein *ius divinum* gar mit einem Verbotskatalog. Faktisch hat sich die Menschheit und mit ihr der einzelne Mensch moralisch sensibilisiert, kann der Mensch sich nun moralisch bestimmen; nicht weil er musste, sondern weil er schließlich nicht mehr anders wollte. Moralität und ethische Sensibilität sind, weil sie sind und nun auch sein sollen, das heißt: weil immer wieder Menschen dazu aufgefordert werden, sich dazu zu bestimmen, nicht anders existieren zu *wollen*. Und immer wieder bestimmen sich Menschen je individuell dazu, so existieren zu wollen. Dieser Prozess der moralischen Selbstsensibilisierung, der Prozess, durch den hindurch ein moralisches Selbst wird, ist in dem Moment, da ein moralisches Subjekt ist, nicht mehr von diesem abzutrennen; dieser Prozess bestimmt es nun, er hat sich in ihm substantiiert – wird nun selbst zu etwas, zu dem sich das Selbst verhalten muss, ob es will oder nicht. In diesem Sinn hat der Mensch dann ein Gewissen.

Dieser Prozess der Selbstwerdung geschieht in sozial vermittelter Weise. Und damit muss der so sich selbst innerlich gewordene, mit einem Gewissen ausgestattete Mensch sich auch zu den Menschen in ein Verhältnis setzen, denen er seine Existenz verdankt, die ihn dazu aufgefordert und ermutigt haben, sich als mögliches moralisches Wesen zu begreifen. Niemand ist aus

sich selbst heraus, auch nicht in dem, was ihn wertehaft bestimmt.

Dies hat Auswirkungen auf die Frage, ob es moralisch legitim
sein kann, sich selbst zu töten. In diese moralische Frage ist eine
ethische Dimension, ist der Andere mit einbezogen. Sich selbst
das Leben zu nehmen schließt auch ein, Beziehungen abzubre-
chen – anderen Menschen zuzumuten, mit dem freiwilligen
Selbsttod umgehen zu müssen. Wie ist dieser Konflikt zu entscheiden?

Nochmals Augustinus

Freiheitstheoretisch betrachtet, kann es zunächst keine an den
Menschen von außen herangetragene objektive Norm geben, die
den Freitod verbietet. Wie über alles andere auch, muss über dessen moralische Möglichkeit in der Instanz der Freiheit selbst
entschieden werden. Ob dies auch theologisch zu akzeptieren
ist, das heißt die Instanz der sich selbst bestimmenden Freiheit
so strikt als Grund moralisch-ethischer Selbstbestimmung zu
setzen ist, wird noch zu sehen sein. Das hängt davon ab, was als
ius divinum verstanden, besser: gesetzt wird.[71] Retrospektiv betrachtet, haben sich auch ein Augustinus und ein Thomas von
Aquin in dem Paradigma bewegt, das *ihnen* mit Gründen plausibel erschien. Plausibel war ihnen das, was sie begründeterma-
ßen und objektiv für dem Willen Gottes geschuldet *hielten*. Ihnen
kam aber noch nicht in den Blick, dass ihre Begründungsfiguren
kontingent, dem Denken ihrer Zeit geschuldet waren.

Ich muss kurz ausholen, um klären zu können, worin das Zeitbedingte des Augustinus – auf ihn beschränke ich mich – bestand. Selbstverständlich war auch Augustinus davon irritiert,

dass die Welt argen Anlass gab, an der Güte Gottes zu zweifeln. Und so nagte, gerade weil er in der Gottesfrage dem Platonismus verhaftet blieb, Gott damit das in sich ruhende, von keinem geschichtlichen Wandel berührbare schlechthin Gute für ihn war, eine Frage in ihm: *Unde malum?* Woher das Böse? Gott durfte nicht Grund des Bösen sein. Darin hatte er ja auch Recht. Wäre Gott unmittelbarer Urheber des Bösen, so wäre er bis ans Ende der Zeiten moralisch diskreditiert. Und die intellektuell unredliche Flucht aus dem strengen Monotheismus heraus, der nur einen Gott kennt, neben diesem Gott keinen gleichewigen schlechten Schöpfergott zulässt, war ihm auch versperrt. Woher dann aber das Böse? Augustinus wollte Gott restlos reinwaschen von jeglicher, erfahrungsgemäß kaum zu bestreitender Negativität. Und deshalb erfand er eine Erbsünde des ersten Paares, die das Böse, damit aber eben auch Leid und Tod in die Welt gebracht habe. Sich aufzulehnen gegen den Schöpfer wird nun zum Grundübel. Sich selbst zu töten, wird dann zur radikalsten Auflehnung gegen Gott, weil der Mensch hier wie Gott sein will, Schöpfer – nicht Geschöpf. In diesem Denken stellt bereits die Überlegung, setze ich meinem Leben ein Ende oder nicht, einen Verstoß gegen den Willen Gottes dar.

Ob die metaphysische Rahmung, von der Augustinus noch ausgeht, denkerisch durchzuhalten ist, wage ich allerdings zu bezweifeln. Der durch das Nadelöhr ihrer eigenen kritischen Selbstreflexion gegangenen modernen Vernunft ist die Möglichkeit, die Existenz Gottes hinlänglich gewiss zu begründen, weggebrochen. Wichtiger noch ist aber, dass sich auch das moralische Problem verschoben hat. Augustinus hat zwar maßgeblich dazu beigetragen, dass der Mensch sich innerlich wurde, er das erlernte, was im Begriff des innerlichen Menschen zusammengefasst werden kann. Wenn auch literarisch stilisiert, entdeckt

Augustinus das, was den Menschen unterscheidet von anderen Lebewesen, nämlich – Zwiesprache mit sich zu halten. Aber er kennt noch nicht den inneren Menschen, der sich radikal selbst verpflichtet ist, sich über sich Rechenschaft abzulegen, der autonom zu sein hat, aber auch darf. Für ihn ist durch die Sünde alles verdorben; ohne die von außen kommende Gnade ist der Mensch nichts, außer Stolz. Sich selbst ein Gesetz geben zu wollen, liefe für ihn auf die Anmaßung hinaus, sein zu wollen wie Gott. Weil alles Gnade ist, kann nichts aus dem Menschen selber kommen, und so ist selbst die Erfüllung dessen, was für ihn objektiv gesetzt ist, der Wille Gottes, Ausdruck der Gnade. Gegen diese Logik von Gnade und Sünde konnte man sich nur empören, und zwar um der Moralität willen und um endlich die Würde der Freiheit ins Recht zu setzen. Man musste diesen Gnadenabsolutismus aufheben, um für die Moralität Platz zu schaffen. Dass ein Kant auch noch mit anderen Problemen zu kämpfen hatte, tut nichts zur Sache. Als er erkannte, dass die Möglichkeit von Moralität nur gegeben ist, wenn es Freiheit gibt, diese aber durch nichts bestimmt sein darf als durch sich selbst,[72] wenn sie sein können soll, hatte es faktisch auch mit dem Gerede ein Ende, dass Gottes Gnade etwas bewirkt. Dieses Entweder-Oder ist zwar in Theologenkreisen immer noch nicht akzeptiert. Aber es hat auch nie jemand erklärt, wie eine Freiheit im Glauben, eine Freiheit vor Gott zu denken ist, wenn der Glaube zugleich bewirkt sein soll.[73]

Weder ist ein solch willkürlicher Gnadenabsolutismus menschlich akzeptabel, noch philosophisch haltbar. Denn Freiheit agiert aus sich selbst heraus oder sie ist nicht. Es brauchte die Revolution der Denkungsart, die sich bis heute mit dem Namen Kant verbindet, um dies klarzustellen. Er dachte Freiheit resolut als Selbstgesetzgebung, das heißt als Autonomie, um die Möglichkeit von Moralität absichern zu können. Wie der möglicherweise existierende freie Gott sich zur moralisch-ethischen Legitimität der Selbsttötung verhält, ist dann zweitrangig. Es muss in der Instanz des Menschen entschieden werden, in seiner Vernunft, will sagen: Es dürfen nur Gründe akzeptiert werden, die ihm einsichtig sind.

Über Kant hinaus

Doch auch wenn Kant die Freiheit resolut in ihr Recht gesetzt hat, so hat er die Selbsttötung rigoros abgelehnt. An dieser Möglichkeit, sich selbst aufzuheben, erfährt für ihn die Freiheit ihre Grenze. Kant unterscheidet zunächst psychologisch die Gründe, die Menschen dazu führen können, sich selbst zu töten. Verletzte Ehre, Feigheit, »Erschöpfung der Geduld im Leiden durch Traurigkeit«, also »Verzagen«.[74] Aber das sind für Kant psychologische Gründe, Leidenschaften, die im Menschen anzutreffen sind, die sich aber nicht über moralische Verpflichtungsgründe stellen dürfen. Andernfalls seien sie »Krebsschäden«[75] für die Moral. Warum aber ist die Selbsttötung für Kant ein durch nichts zu rechtfertigender Akt?

Kant weiß zwar, dass der Mensch ein affektbestimmtes Wesen ist, aber diese Affekte sind zunächst nur »krankhafte Zufälle«[76]. Entscheidend für Kant ist, dass diese der Willensbestimmung unterworfen und moralisch reguliert werden. Und dies bedeutet nicht weniger, als dass sie beherrscht werden müssen unter der normativen Maßgabe verallgemeinerbarer Regeln. Was aber nicht verallgemeinerbar ist, darf von keinem Menschen ausgeführt werden. Die Selbsttötung ist deshalb für Kant aus zwei Gründen verboten. Erstens hebt die freiwillige Selbsttötung die

Möglichkeit der Freiheit und damit die Möglichkeit moralischer Selbstbestimmung auf. Wenn es zweitens dieser moralischen Pflicht entspricht, dass die Maximen, durch die der Wille sich bestimmt, stets zu einem allgemeinen Gesetz[77] werden könnten, so verstößt die Selbsttötung kategorisch gegen diesen Imperativ. Was nicht verallgemeinerbar ist, darf nicht unternommen werden. Verallgemeinerbar aber ist die Selbsttötung nicht, da in diesem Akt die Selbstaufhebung der Menschheit für möglich erklärt wird, was für Kant auf einen eklatanten Verstoß gegen die Vorstellung hinausläuft, dass der Mensch Zweck an sich selbst sei.

Das letztere Argument ist aber zumindest überstrapaziert, weil die Frage der ethischen Akzeptanz des Suizids sich, empirisch betrachtet, nur auf eine geringe Anzahl von Menschen bezieht. Bezogen auf das erste Argument stellt sich die Diskussionslage schwieriger dar. Dass die Selbsttötung den radikalsten Vollzug von Freiheit darstellt, ist evident, und sie verfolgt nur einen Zweck, nämlich die komplette Vernichtung der leiblich-freiheitlichen Einheit, die der Mensch darstellt. Kant kann nur in auf Zukunft der Person ausgerichteten Zwecksetzungen legitime Zwecksetzungen erkennen. Löwith hat aber darauf verwiesen, dass dann, »wenn sich der Mensch totaliter ... vernichtet«, er »sich gerade nicht als bloßes Mittel zu einem anderweitigen Zweck« gebraucht. Man könne nicht sinnvoll fragen, »zu welchem Zweck sich ein Mensch vernichtet«, denn er vernichte »mit sich alle nur möglichen Zwecke«.[78] Man kann auch formulieren, der Suizid verfolgt nur den einen ›Zweck‹, künftig keine Setzungen mehr vornehmen zu müssen. Problematisch ist aber vor allem, dass Kant das Verbot des Suizids mit einem ebenso überzogenen Freiheitsbegriff begründet wie diejenigen, die meinen, in der Selbsttötung realisiere sich die humanste, weil Freiheit und die Differenz zum Tier markierende Möglichkeit. Leichtfertig geht niemand aus dem Leben. Was Kant maßlos unterschätzt, ist, wie die Biographie eines Menschen sich verleiblicht; der Mensch hat nicht einen Leib, sondern er ist sein Leib – er spürt sich und weiß sich in diesem. Zu meinen, alle Affekte seien nur dazu da, kontrolliert zu werden, zeigt, dass Kant nicht nur nicht das Wissen der seit dem 19. Jahrhundert aufkommenden empirischen Humanwissenschaften hatte, sondern vor allem, dass er den Leib dann doch auf die Bedeutung reduziert, Material der Pflichtausübung zu sein.

Wenn es um die Frage geht, ob der Mensch seinem Leben selbstbestimmt ein Ende setzen darf, ist ein ganz anderer Aspekt entscheidend. Einerseits gibt es das Recht auf individuelle Selbstbestimmung, und ich sehe keinen Grund, warum dieses Recht nicht auch dann gilt, wenn ein Individuum kein positives Verhältnis mehr zum eigenen Leben einnehmen kann. Dass sich diese Beurteilung auch wieder verändern kann, es unter neuen Lebenseindrücken zu einer veränderten Einschätzung kommt, ist kein Argument. Entscheidungen werden immer jetzt getroffen. Prekär bleibt dieses Recht, weil das Leben nicht nur aus sozialen Beziehungen hervorgegangen ist, sondern eine Person, die diese letzte Entscheidung erwägt, nicht autark lebt, sondern längst freiheitsbestimmt agiert hat, neue soziale Bindungen eingegangen ist. Nicht aus einer abstrakten Selbstzwecklichkeitsüberlegung heraus wird der Freitod zum Problem, sondern aus der Perspektive der konkreten anderen Menschen. Diese werden zum Problem des eigenen Wunsches, nicht mehr sein zu wollen. Wer nicht in völliger Isolation ist, den Kontakt zur Umwelt bereits abgebrochen hat, wird sich deren Blicke vorwegnehmen. Jean Améry, der sich im Jahr 1978 das Leben nahm, als Jude verfolgt, schwer gefoltert durch die Gestapo, hat eines der bedrückendsten und bewegendsten Zeugnisse für dieses Dilemma gegeben. Er schreibt wenige Tage vor seinem Freitod in einem Brief an seine Frau: »Ich bin auf dem Weg ins Freie. Es ist nicht leicht, aber dennoch die Erlösung. Denke, wenn Du kannst, nicht mit Groll an mich und nicht mit allzu qualvollem Schmerz. Du weißt alles, was ich Dir zu sagen habe: dass ich Dich unendlich liebe. Bitte, bitte, sei mir nicht gram – jetzt ist mir ja, als ahnte ich, Du würdest am Ende doch verzeihen. Ein Schimmer, eine bloße Ahnung von Seelenfrieden.«[79]

Dieser Konflikt ist nicht aufzulösen. Aber es sind nicht die, die nicht mehr können, lieber in den Tod gehen, die diesen verantworten. Im günstigsten Fall ist es Gott. Andernfalls verantwortet niemand diesen Konflikt. Denn eine blind verlaufende Natur und eine Welt, die »ohne Finale« (Friedrich Nietzsche) ins Nichts geht, sprich: der Weltenkosmos, der den Wärmetod stirbt und in dem der Mensch nur eine Zufallserscheinung ist, können nicht verantwortlich sein.

Selbsttötung – von Gott selbst eingeräumt als Möglichkeit

Theologisch aber existiert Gott, hier ist der freie Gott gesetzt. Sofern in der theologischen Logik unausweichlich eine Relation zwischen Gott und dem Menschen besteht, ist eine Entscheidung darüber zu treffen, ob der Mensch sich selbst das Leben nehmen darf. Wenn ich die Selbsttötung als von Gott eingeräumte Möglichkeit bezeichne, so ist sogleich zu differenzieren. Dass Menschen überhaupt diese Möglichkeit besitzen, ist in einer Schöpfungslogik, die das Faktum der Welt auf den nicht notwendigen Willen Gottes zurückführt, diesem selbst zuzu-

schreiben. Ich kann hier nicht auf die verwickelte Frage eingehen, wie sich eine solche Schöpfungslogik mit dem gegenwärtig
verfügbaren Evolutionswissen synthetisieren lässt. Nicht aus-
zuschließen ist, dass die von Gott der Evolution freigegebene
Welt nicht notwendig den Menschen hätte hervorbringen müssen.[80] Aber ob der Welt und damit auch der biologischen Natur,
der Evolution des Lebendigen, ein Telos Mensch inhäriert oder
nicht, ist letztlich für die hier verhandelte Frage gleichgültig.
Menschliche Freiheit *ist*, und wenn sich diese Welt dem frei
schaffenden Willen eines Gottes verdankt, so hat dieser auch die
menschliche Freiheit ermöglicht und ihr damit auch die Möglichkeit der Selbstpreisgabe, das heißt des Suizids, eingeräumt.
Nimmt man die Passage aus dem *Katholischen Erwachsenenkatechismus* zum Maßstab, so scheint theologisch bis heute mehr oder
weniger entschieden zu sein, dass die Selbsttötung ein in sich
sittlich schlechter Akt, demnach verboten ist. Philosophisch, so
viel war auch bereits gesehen worden, ist die Antwort so eindeu-
tig nicht. Bevor ich theologisch ein wenig gegen den Stachel lö-
cke, sei daran erinnert, dass ich nur die Suizidanten im Blick
habe, die diesen letzten Schritt in Freiheit gehen. Nochmals: Ob
diese Freiheit vorliegt, kann grundsätzlich nicht von außen beurteilt werden; aber sie kann auch denen nicht abgesprochen
werden, die dies für sich beanspruchen. Niemand vermag von
außen zu beurteilen, wie viel an realer Selbstbestimmungsmög-
lichkeit das Individuum mit seiner Geschichte, seinem Emoti-
onshaushalt, seiner leiblichen Existenzweise, die nichts anderes
ist als das Ergebnis von Biologie und seiner Biographie, tatsächlich hat. Wer weiß, was es für die Möglichkeit von Freiheit bedeutet, wenn sich die Zukunft verschließt, weil der Tod sich
ankündigt? Wie fühlt sich das an? Wie viel Freiheit ist eigentlich
im Spiel, wenn die Furcht davor das Bewusstsein bestimmt,

schon bald nicht mehr der Selbstbestimmung fähig zu sein? Und dennoch, auch wenn diese Fragen andeuten, wie diffizil die Phänomene zu beschreiben und zu bewerten sind, kann nicht einfach gesagt werden, dass ein Mensch, der sich das Leben nimmt, dies nicht aus Freiheit getan habe.

Wenn theologisch nicht damit argumentiert wird, sich selbst zu töten sei gegen die menschliche Natur, die doch auf Selbsterhaltung dränge, so wird auf den Geschenkcharakter des Lebens rekurriert. Wer theologisch vom Geschenk des Lebens spricht, rekurriert zumindest auf eines nicht mehr, nämlich auf ein vermeintliches Eigentumsrecht Gottes am menschlichen Leben. Wer wahrhaftig schenkt, denkt weder in der Kategorie der Tausch- noch der der Eigentumslogik. Was für den Menschen gilt, gilt auch für Gott.

Nun wird ein Gott vertrauender Mensch, ein das Leben liebender Mensch, selbstverständlich das Faktum, überhaupt sein zu dürfen, zu leben – das Leben in allen seinen möglichen Dimensionen auszuleben, als Geschenk verstehen. Aufzuwachsen, verspielt zu spielen (etwas, das nur im Nachhinein als dieses erinnert wird), auf Weihnachten zu warten, selbständig zu werden, Tore zu schießen oder tanzen zu können, sich zum ersten Mal zu verlieben, sexuelles Erleben zu genießen, sich zu bilden und berufstätig zu werden, eine feste Partnerschaft einzugehen, möglicherweise ein Kind zu bekommen und es aufwachsen zu sehen –, alles dies (und unendlich viele andere beglückende Erfahrungen ließen sich benennen) lässt in gläubigen Menschen Dankbarkeit dem geglaubten Gott gegenüber dafür aufkommen, überhaupt sein zu dürfen. Denn nur weil ich bin, banal, kann ich dies: dankbar sein; und können es auch die anderen.

Von daher ist das Leben, theologisch betrachtet, Geschenk, aber – die Rede vom Geschenkcharakter des Lebens darf auch nicht überstrapaziert werden. Wenn das Leben nur mehr als eine Qual erscheint, es keine glücklichen Momente mehr zu versprechen scheint, muss es nicht mehr als Geschenk empfunden werden, sondern es kann auch zur reinen Belastung werden. Darf es dann nicht zurückgegeben werden, ohne dass damit sogleich bestritten würde, dass es glückliche Phasen hatte? Als Geschenk empfunden wurde, da sein zu dürfen? Die Frage, ob das Leben nicht auch zurückgegeben werden darf, drängt sich zumal dann auf, wenn präziser bestimmt wird, worin das Geschenk dieses Lebens, menschlich betrachtet, besteht. Der Mensch ist nicht sein Verstand, aber – und das markiert den Unterschied zum Tier – er ist als leibseelische Einheit das Wesen, das sich selbst zu bestimmen vermag. *Als* dieses Wesen entwirft es sich, gestaltet es seine Geschichte; dass dies immer nur begrenzt möglich ist, vielzählige Faktoren in diesen Prozess hineinspielen, muss immer wieder betont werden, auch wenn dies eigentlich überflüssig zu erwähnen ist. Der Mensch lebt als diese leibseelische Einheit aus Beziehungen heraus und gestaltet diese wiederum, stiftet neue. Wer sich das Leben nimmt (und dies gilt dann auch für den assistierten Suizid in letzten Krankheitsphasen), muss dies einbeziehen, aber: Daraus ist kein grundsätzliches Argument zu entwickeln, auch vor Gott nicht. Denn wenn Gott dem Menschen das größte Geschenk gemacht hat, das er diesem geben konnte, frei zu sein, dann hat er diesem auch die Möglichkeit gegeben, sich frei dazu zu bestimmen, das Leben zu beenden – es zurückzugeben in die Hände dessen, der es geschenkt hat. Nochmals: Ob man dies anderen Menschen zumuten will, ist eine andere Frage. Denn diese bleiben zurück mit ihrem Schmerz.

Aber wer mutet wem zu? Und was hält ein Mensch aus an Zumutungen?

Meditation IV

»Dann ging er hin zu sterben ...«

Oder: Ein Hingerichteter ist einer zu viel.
Aber warum dann dieser Tod?

Zunächst: Wie Jesu Tod zu verstehen ist, ob ihm in einem religiösen Sinn eine Heilsbedeutung und wenn ja: welche Bedeutung
ihm zukommt, stand nie fest. Historisch gewiss ist nur, dass der
Jude Jesus von Nazareth sich in einer Weise, die damals faszinierte, Menschen zuwandte, zumal den Gedemütigten und sozial Ausgegrenzten, den Kranken und denen, die nach damaligen Vorstellungen für Sünder gehalten wurden, und ihnen die
Anerkennung und Barmherzigkeit Gottes zusprach. Ob er an
deren realen Lebenssituationen etwas ändern konnte, sei dahin-
gestellt. Viel wird es nicht gewesen sein. Aber immerhin dürften
sich viele dieser Menschen nicht mehr so allein gefühlt haben in
ihrem Schicksal, auch wieder Mut gefasst haben in ihrem Glauben an Gott. Historisch gewiss ist zudem, dass es schließlich zu
dem Konflikt kam, der dann tödlich endete. Es dürfte die Entschiedenheit gewesen sein, mit der Jesus diesen Gott verkün-
digte, und wohl auch, dass er mit einem besonderen ›Anspruch‹
auftrat, er sich befähigt sah, an Gottes Stelle handeln zu dürfen,
was provozierte. Und dann war es vor allem seine Kritik am Tem-

pelkult, mit der er aneckte. Historisch ist schließlich gewiss, dass sich nach dem Tod Jesu Gruppen bildeten, die den, der so erbärmlich zu Tode gefoltert worden war, als den von Gott Auferweckten verkündigten.

Der Rest, der sich in den Texten des Neuen Testaments bezogen auf diesen Juden Jesus findet, ist Theologie, das heißt: es sind Denkversuche, aus dem Glauben daran, dass mit dem Auftreten dieses Juden aus Nazareth tatsächlich Gravierendes zwischen Gott und der Menschheit geschehen ist. Und auch das, was sich dann im Verlauf der Geschichte auf diesen Menschen gelegt hat an Erzählungen und Dogmen, ist Theologie. Theologie aber ist immer menschlich. Man mag sich noch so sehr auf ein Wort Gottes berufen: Was als Wort Gottes gilt, gilt deshalb als das Wort Gottes, weil Menschen es für dieses halten. Wenn aber Theologie von Menschen hervorgebracht ist, so zeigt dies auch ihre Korrekturfähigkeit an; sie ist dann zu korrigieren, wenn das, was Menschen zuvor theologisch gedacht hatten, nicht mehr zu überzeugen vermag.[81] Der Kanon der Bibel selbst berechtigt zu dieser Überzeugung. Denn kanonisiert wurde nicht das Wort Gottes, sondern eine Konfliktgeschichte, wie Gott auszudeuten ist und wer der geglaubte Gott für den Menschen sein will. Bibeltreue zeigt sich deshalb darin, die Vernunft zu gebrauchen und den Ausbruch aus selbstverschuldeter Unmündigkeit zu riskieren, dies freilich in dem Wissen darum, dass man sich täuschen kann. Und dies gilt auch für die Auslegungspraxis des Todes Jesu.

Dominanz der Opferrhetorik

Schaut man auf die Tradition dieser Auslegung, so scheint eines schlechterdings unumgänglich zu sein, wenn es darum geht, den

Tod Jesu auszudeuten. Wie selbstverständlich ist es der Begriff des Opfers, der Anwendung findet. Und fast immer wurde und wird die Opferrede mit der Rede von der Sünde des Menschen verbunden. Das *Gestorben für unsere Sünden* durchzieht die gesamte theologische Tradition, und auch die liturgischen Texte und das Liedgut sind von einer Erlösungsrhetorik bestimmt, die den Tod Jesu auf die Sünde des Menschen bezieht. Es gibt textliche Ausnahmen, bestimmend aber wurden sie nicht.

Verwundern kann dies nicht. Bereits in den biblisch-neutestamentlichen Aufschichtungen dieses Glaubens ringt man merklich mit der Frage, worin die erlösende Bedeutung dieses Todes liegt, und man konzentriert dessen Verstehen auf die Opfersemantik. Auch hier wird der Tod Jesu entschieden im Horizont von Opfer- und Sühnevorstellungen ausgedeutet. Aber was meint die Rede vom Opfer? Für was hat sich Jesus aufgeopfert? Wollte er etwas sühnen? Oder hat gar der, von dem her dieser Mensch ganz lebte, den er den Menschen als Quelle eines lebenswerten Lebens anpreisen wollte, also Gott, den Tod dieses Menschen gebraucht, um sich mit der Menschheit versöhnen zu können? Aber warum sollte Gott dieses Opfer gebraucht haben? Unmittelbar nachdem Menschen zum Glauben daran fanden, dass Gott Jesus zu neuem Leben auferweckt habe, entbrannten diese Diskussionen. Nicht nur brannte denen das Herz vor Freude, die nach anfänglicher Resignation zurückfanden zum Glauben. Sondern auch die Reflexion setzte ein, weil sie verstehen wollten. Und allein dass diskutiert wurde, unterschiedliche Interpretationen der Heilsbedeutung dieses Todes entstanden, zeigt wiederum, was bereits eingangs dieser Überlegungen vermerkt wurde: dass nicht einfach feststeht, warum dies alles geschah; es musste vielmehr festgestellt werden – man kann auch sagen: es musste theologisiert werden. Und was damals als Prozess einsetzte, ist nicht abgeschlossen. Nichts garantiert, dass theologische Wege eingeschlagen wurden, die nicht zu gehen sind. Dies gilt grundsätzlich, und deshalb ist auch die Rede von einem biblischen Zeugnis irreführend; sie verdeckt nur das grundsätzliche Problem. Das verunsichert die, die lieber letzte Gewissheiten wollen, befreit aber die, denen unwohl ist angesichts einer bestimmten Ausdeutung, die sich, historisch betrachtet, durchsetzen konnte. Denn maßgeblich wurde Anselm von Canterbury. Vernunft wollte Anselm dem Glauben eintreiben, und das ist auch gut so. Anselm wiederum lässt sich nicht verstehen, ohne einen anderen zu erinnern, der die christliche Glaubenswelt entschieden bestimmt hat. Gemeint ist der bereits oben erwähnte Augustinus.

Immer wieder: Des Augustinus langer Schatten

Anselms Rationalisierungsversuch des Glaubens setzte bei keinem Nullpunkt an. Längst hatte sich die Überzeugung durchgesetzt, dass alle von der Tat Adams infiziert seien. Zurück ging diese Vorstellung einer Erbsünde, die allen schuldhaft anrechenbar sei, eben auf Augustinus. Man muss Augustinus zugutehalten, dass er ganz Kind seiner Zeit war. Präziser müsste man sagen, er war ein typischer Mann der spätantiken Welt. Das Ideal des antiken Mannes bestand in absoluter Selbstkontrolle. Und eben dies wurde Augustinus im Verlauf seiner bewegten Biographie zunehmend zum Problem. Zumal im Intimbereich des Sexuellen gibt es nun einmal diese Möglichkeit vollständiger Selbstkontrolle nicht; jedenfalls ist das Begehren als solches nicht zu kontrollieren oder gar zum Verschwinden zu bringen. Augustinus verlangte nach einer Erklärung dafür.

Zum Christentum bekehrt, hatte er indes noch ein weiteres Problem. Gott, nun geglaubt als der seinerseits ursprungslose Grund von allem, durfte um keinen Preis mit der Faktizität des Übels belastet werden. Und zwar weder mit dem Freiheitsmissbrauch durch den Menschen, noch mit dem Widerwärtigen, welches die Natur dem Menschen zumutet. Um nun an Gott als dem Gütigen festhalten, gleichzeitig aber erklären zu können, warum die Welt so ist, wie sie ist, von Not und Elend durchzogen, erfand – man kann es nicht anders nennen, denn es gab diese Vorstellung so zuvor nicht[82] – Augustinus die Erbsünde. Die ehemals gute Schöpfung ist, so die feste Überzeugung des Augustinus, allein durch den Menschen zu dem gemacht worden, was sie nun ist, ein Jammertal des Elends. Verstrickt in die Macht der Sünde kann jetzt nur noch einer helfen, Gott in seiner Gnade. Selbst dies erkennen zu können, ist für Augustinus bereits Werk der Gnade. Dass Augustinus sich selbst selbstverständlich begnadet meinte, es ihm diesbezüglich nicht gerade an Selbstbewusstsein mangelte, sei nur erwähnt. Wieso eigentlich, möchte man fragen? Könnte nicht diese Gewissheit, selbst selig im Stand der Gnade existieren zu dürfen, eine mephistophelische Selbsttäuschung sein? Nochmals: Auf diese Idee ist Augustinus nicht gekommen. Ihm war nur noch eingefallen, sich im Stande der Gnade während, Gott noch um ein wenig mehr Gnade zu bitten, um nicht mehr von nächtlichen Gelüsten, modern gesprochen: von sexuellen Phantasien, belästigt zu werden.[83] Verstoßen aus dem Paradies fand sich Augustinus wieder im Garten der Lüste, für ihn weder auszuhalten noch auf menschliche Weise zu sublimieren, geschweige denn zu gestalten. Deshalb rief er die Gnade an.

Dass Gott, wenn er überhaupt existiert (dies ist allerdings eine moderne Frage), zu weit gegangen sein könnte, als er eine Welt schuf, kam Augustinus nicht in den Sinn. Der Inbegriff des Guten konnte zu nichts in der Lage sein, das nicht akzeptabel ist. Deshalb musste er nicht nur notwendig die beste aller möglichen Welten schaffen, wenn deren Sein besser sein sollte als ihr mögliches Nicht-Sein, sondern muss diese tatsächlich existierende Welt auch als die beste aller möglichen Welten bezeichnet werden. Allerdings irritiert der Zustand der Welt dann doch unvermeidlich. Um Gott nicht mit dem irdischen Elend belasten zu müssen, erfand Augustinus eine Urtat Adams, in deren Schatten sich nun das menschliche Leben abspielen sollte, unentrinnbar. *Non imitatione, sed propagatione*, wird es auf dem Konzil von Trient heißen. Die Sünde Adams wird demnach nicht durch Nachahmung, das heißt in Freiheit wiederholt, sondern durch den Sexualakt verbreitet. Verdammt zum Bösen, sollte die Sünde dennoch jedem einzelnen Menschen schuldhaft anrechenbar sein. Schuldhaft, weil Augustinus davon ausging, dass die eine menschliche Natur in Adam gehandelt habe. Und wenn Gott dann einige Menschen erretten sollte, so war er gnädig. Den anderen zeigte er nur seinen berechtigten Zorn. Gott erbarmt sich derer, derer »er sich erbarmen will«, und »verzeiht, wem er verzeihen will.«[84] Mehr Willkür kann man Gott nicht unterstellen. Warum nach der totalen Verwerfung der Menschheit nicht auch eine Mobilmachung Gottes zu deren totaler Rettung möglich gewesen sein soll, bleibt das Geheimnis Gottes. Oder doch mehr das des Augustinus. Schließlich ist jeder Begriff von Gott, mit dem Menschen sich verständigen, ein von Menschen gemachter Begriff, und demnach ist er auch von ihnen zu verantworten.

Keine Erlösung ohne Opfer: Anselm von Canterbury

Über die Erbsündenerzählung des Augustinus kam es freilich nicht nur zu der die Menschheit einteilenden Idee, dass nur wenige gerettet sein würden. Hier setzte auch ein Anselm an, um der Frage *Warum wurde Gott Mensch?* auf die Spur zu kommen. Anselm dachte nicht mehr im Kontext der Spätantike, sondern unter den Vorzeichen einer Lehnsgesellschaft. So wie der Lehnsherr seinen Pflichten nachzukommen hat, so auch dessen Untertanen. Zugleich sind allen ihre Rechte verbürgt. Überträgt man diese Ordnung auf Gott und seine Geschöpfe, so ergibt sich eine rationale Möglichkeit, einsichtig zu machen, warum Gott Mensch werden musste. Da das Geschöpf seinem Schöpfer bereits ursprünglich alle Ehrerbietung schuldete, dieses durch die Sünde die Ordnung verletzte, nun aber aus eigener Möglichkeit nichts mehr tun kann, um diese wiederherzustellen, da es ja alle Ehrerbietung seinem Schöpfer eben aufgrund seines Geschöpfseins schuldete, Gott nun aber in der misslichen Situation steckt, eine Wiedergutmachung zu brauchen, um sich versöhnen zu können – andernfalls würde ja nun er die Ordnung verletzen –, weil die Lage aufgrund der Sünde des Menschen so vertrackt ist, ergreift nun Gott die Initiative und zeigt so seine Barmherzigkeit: Er lässt seinen Sohn Mensch werden und diesen das notwendige Opfer bringen. Denn dieses muss ein Mensch bringen; weil dieser Mensch aber nicht nur Mensch ist, er vielmehr der Gottmensch ist, ist dieses Opfer größer als die Ehrerbietung, welche der Mensch seinem Schöpfer immer bereits schuldete. Anselms theologischer Einfall war genial, zumal er die Barmherzigkeit Gottes herausstellen wollte – aber er war dennoch fatal, weil die ganze christliche Heilsveranstaltung nun auf die blutige Hinrichtung Jesu am Kreuz konzentriert wurde, das Leben Jesu keine Rolle spielte, wenn es um die Frage nach der erlösenden Bedeutung der Menschwerdung Gottes ging. Dem von dieser Theologie geprägten Menschen blieb fortan nur noch, sich klein zu machen unter dem Kreuz. Vor Gott ist der Mensch immer zunächst der Sünder, und zudem lebt er in tiefster Heilsungewissheit. Denn niemand kann sich sicher sein, ob er gerettet wird oder nicht.

Selbstbehauptung gegen die Überlast der Sünde

Modern zu denken heißt geschichtlich zu denken. Immerhin könnte es ja sein, dass es bestimmte, zeitbedingte Dynamiken waren, die Denkmuster ausgeprägt haben. So hat Peter Sloterdijk jüngst süffisant vermerkt, dass das »Christentum der Bemühung entsprang, die ursprüngliche Überreaktion Gottes gegen Adams Verfehlung durch ein Erlösungswerk zu kompensieren, das dem Menschen eine geringe Heilschance zurückgab, ohne daß der im Zorn zu weit gegangene Gott das Gesicht verlieren mußte«.[85] Ich hatte bereits darauf verwiesen, dass die spätestens seit dem 19. Jahrhundert zu beobachtenden Glaubensabbrüche sicherlich nicht auf einen einzigen Grund zurückzuführen sind. Das 19. Jahrhundert stellt eine in allen Dimensionen des Lebens veränderte Welt dar, und dass dies alles nur der Anfang sei, die Gesellschaften sich auch weiterhin massiv verändern würden, war jedenfalls den für die Zeit und deren Umbrüche Sensiblen sehr bewusst. Die jetzt aufbrechende Gotteskrise aber hatte ideengeschichtlich entschieden damit zu tun, dass das alte Dogma von der Erbsünde nicht mehr funktionierte. Und ebenso wenig funktionierte noch die Vorstellung einer stellvertretenden Sühneleistung des Gottmenschen. Nichts sei »für den glaubensarmen

Zeitgenossen [...] widerständiger und unzugänglicher als der Gott, der zu beleidigen ist: von seinem debilen Geschöpf und bis zur erbitterten Forderung nach einer ebenso unfaßlichen Sühne«, schreibt Hans Blumenberg.[86] Ich höre zwar schon die Stimmen derer, die sich in ihren religiösen Gefühlen verletzt fühlen, wenn ich mich Blumenberg anschließe. Nachzudenken wäre aber auch einmal über diejenigen, die sich längst aus diesen Glaubenstraditionen verabschiedet haben, weil sie intellektuell nicht mehr mitkamen und sie das Leben nicht außen vor lassen wollten in ihrer religiösen Sehnsucht. Deren Verletzungen berühren in so manchen kirchlichen Kreisen nicht, wenn sie überhaupt wahrgenommen werden. Aber besser melancholisch agnostisch leben als religiös abgestumpft, was das tatsächliche Leben angeht.

Schon der Versuch, das gesamte Weltelend dem Menschen anzulasten, ihn und nur ihn dafür verantwortlich zu machen, ist, ich scheue mich nicht, es so drastisch zu sagen, absurd. Historisch nachvollziehen kann ich, wie Menschen vergangener Generationen dies glauben konnten. Das Evolutionswissen unserer Tage hatten sie noch nicht, und die biblisch immer wieder zu beobachtende Empörung gegen Gott, wenn die Natur wieder einmal zuschlug oder das Land mit Gewalt überzogen wurde, die genuin biblische Frage *Wo bist Du, Gott?* war im Sog des sich immer stärker ausbreitenden Sündenbewusstseins in Vergessenheit geraten. Selbstverständlich, auch die biblischen Text- und damit Glaubenstraditionen sprechen von der Sünde, wissen um den abgründigen Hang im Menschen, das Böse zu tun. Aber sie unterscheiden die Verantwortlichkeitsbereiche. Wenn es im berühmten, zutiefst israeltheologischen Gebet Jesu heißt *Und führe uns nicht in Versuchung*, so wird erinnert, wer der Verführer ist: kein Geringerer als Gott selbst. Nicht, dass der Mensch das Böse tun müsste. Und welcher Theologe hätte jemals leugnen wollen, dass ein Massenmorden, wie es die Nazis betrieben, eine grauenhafte Perversion menschlicher Freiheit darstellt, die der Mensch zu verantworten hat. Gott lässt dies zu, aber die Verantwortung liegt bei denen, die ihre Freiheit zum Perversen missbrauchen. Niemand hat Eichmann gezwungen, mit der Akribie eines Verwaltungsbeamten zu planen, Millionen jüdischer Menschen möglichst effizient zu ermorden. Und was vor allem bis heute sprachlos macht, ist sein Versuch, sich auch noch im Prozess zu rechtfertigen.

Aber in einer Phänomenologie von Schuld zeigen sich auch komplexere Phänomene, die sich nicht mehr so leicht beurteilen lassen. Wer will den moralischen Zeigefinger denen gegenüber erheben, die dann in den Lagern selbst zu Tätern wurden? Der Schriftsteller Aleksander Tišma hat abgründig beschrieben, wie Opfer selbst zu Handlungen fähig wurden, zu denen sie sich unter normalen Umständen nie entschlossen hätten.[87] Der tief in die Natur des Menschen eingezeichnete Überlebenstrieb, den er mit allen anderen Organismen teilt, setzt dem moralischen Selbstbestimmungswillen Grenzen. Nicht, dass der Mensch diesem Trieb nachgeben müsste; immer wieder zeigt sich in Situationen brutalster Gewalt, dass es Menschen gibt, die lieber selbst zugrunde gehen, sich teils sogar für andere aufopfern, anstatt selbst gewalttätig zu werden. Überlebende der Lager haben sich immer wieder mit der Schuld gequält, die der Mensch fast schon unvermeidlich auf sich zieht, wenn er überleben will. Wer aber hier moralisiert, verkennt die Situation. Ist dies gemeint, wenn es im Gebet Jesu heißt *Und führe uns nicht in Versuchung?*

Und endgültig klar wird, was diese Bitte im Gebet des Herrn meint, angesichts knapper Lebensressourcen. In Wohlstandsländern stehen zumindest die elementaren Dinge, die das Leben braucht, allen Menschen zur Verfügung. Aber es gibt unendlich viele andere Regionen dieser Welt, in denen dies nicht der Fall ist. Dass der Hunger der Welt auch mit einem abgründig bösen, ausbeuterischen Willen, der nur den eigenen Profit kennt, zu tun hat, mit Wirtschafts- und Finanzstrukturen, die sich verselbständigt haben, besser müsste man wohl sagen: bezogen auf die man meint, sie nicht mehr politisch bändigen zu können, ist sicherlich richtig. Aber spätestens wenn man historisch denkt, lässt sich die beunruhigende Frage kaum verdrängen, ob nicht bereits im Anfang der Mensch mit dem Faktum knapper Lebensressourcen konfrontiert war. Als das Mensch genannte Lebewesen begann, sich heraus zu entwickeln aus dem Tierreich, zu Bewusstsein kam und ihm damit das Wissen gegeben war, nicht identisch zu sein mit der umgebenden Umwelt und den anderen Menschen, für sich und andere sorgen zu müssen, wurde auch die Erfahrung von Knappheit bewusst, und damit entstand die Konkurrenz. Der Möglichkeitsraum, nicht nur bestimmt zu sein durch die Umgebung, sondern sich als immer bereits Bestimmter nun selbst zu bestimmen, das heißt Freiheit zu leben, war eröffnet. Und damit war auch die Möglichkeit in der Welt, schuldig zu werden – und zwar ab dem Moment, da die Menschheit begann, sich moralisch zu sensibilisieren, der Selbsterhaltungswille sich nicht mehr ungebändigt austoben, sondern ethisch anspruchsvoll reguliert werden sollte. In diesem Moment war der Dekalog in der Welt.

Schöpfer des Himmels – und allen Übels

Die christliche Theologie hat das Dilemma bereits früh gespürt, in das sie geriet, als sie erst einmal begann, ernst zu machen mit dem Glauben an einen Gott, der die Welt aus dem Nichts heraus geschaffen habe. Alles andere als ein Monotheismus ist der Vernunft ein Gräuel, das wusste man, und zudem wollte man Gott als allzuständig in Sachen des Heils denken. Wie war dieser Gott aber in Einklang zu bringen mit dem überhaupt nicht zu übersehenden Elend in der Welt?

Um die Härte der Herausforderung zu studieren, lohnt es sich, sich theologisch von denen in der Gegenwart provozieren zu lassen, die bereit sind, konsequent zu denken. Mit dem Schöpfungsgedanken, schreibt Hans Blumenberg, sei »der Welt angeboten worden, aus einer Handlung und einem Willen hervorgegangen zu sein«.[88] Dieses Angebot war gegen starke Strömungen des antiken Weltverständnisses formuliert, die auf eine rein diesseitige Daseinsbewältigung abhoben. Was freilich als großzügiges Angebot an das mögliche Selbstverständnis des Menschen formuliert wird, ein menschenzugewandter Gott, der die Welt um des Menschen willen wollte, wird sogleich fraglich, konfrontiert man dieses Angebot mit den Härten der Erfahrung. Fast schon überflüssig zu erwähnen ist, dass Blumenberg selbstverständlich nicht die Welt als solche im Blick hat, den – solange nichts anderes bekannt ist – ›kalten‹, nicht weiter belebten Kosmos. Sondern den Menschen und über ihn die Welt, da der Mensch als organisches Wesen nicht nur ein Teil ihrer ist, sondern die Welt zugleich Bedingung der Möglichkeit seiner Existenz ist. Nun hatte die christliche Theologie die Existenz der Welt im Willen Gottes gründen lassen. Kann man sich aber einverstanden geben mit diesem Willen? Schärfer noch: *Darf* man sich überhaupt einverstanden geben mit diesem Gott? Nicht weniger steht auf dem Spiel als das moralische Koordinatensystem, dem sich Menschen unterwerfen, wenn sie eine unbedingte Achtsamkeit gegenüber anderen Menschen leben wollen. Denn entweder dieses System verlangt unbedingte Beachtung, von einem jeden Menschen einzufordern. Oder aber es gilt nicht unbedingt. Wird aber Unbedingtheit beansprucht, so kann auch Gott nicht aus diesem Koordinatensystem entlassen werden. Die an dieser Stelle so gerne geübte Rede von Gott als dem ganz Anderen übersieht dies leichtfertig.

Blumenberg verweist auf den möglichen Ausweg der antiken Gnosis aus diesem Dilemma. Sie habe gewagt, »den Heilsgott vom Schöpfergott zu trennen und den Demiurgen dieser Welt als ein unbefragbares und gegenüber den Menschen tyrannisches Prinzip einzuführen, von dem Versöhnung mit dem Faktum der Geworfenheit in diese Welt gar nicht zu beanspruchen war.«[89] Die Gnosis hat zu einer totalen Abwertung der Welt geführt. Diese war nicht zu retten, nicht einmal zum Guten zu verwandeln, weil sie durch und durch von diesem tyrannischen Prinzip beherrscht war. Erlösung hat sie sich davon versprochen, dieses zu erkennen – und: dass der Heilsgott ein anderes Dasein herbeiführen würde, wenn diese im Demiurgischen gründende Welt untergegangen sei.

Was die Gnosis als Alternative vorschlug, war konsequent; aber es war von der christlichen Theologie nicht zu akzeptieren, da man sich darauf festgelegt hatte, Gott als den Schöpfer der Welt aus dem Nichts denken zu wollen, um so an seiner allmächtigen Freiheit festhalten zu können. Der biblische Gott ist ein bundeswilliger Gott, und einen Bund eingehen zu können, setzt Freiheit voraus. So blieben der Theologie nicht viele Denkalternativen offen. Dominant wurde das System des Augustinus, der die nicht zu bestreitenden Übel der Welt allein dem Menschen anlastete. Der Preis war hoch, und, historisch betrachtet, hat die augustinische Theologievariante die massiven Abbrüche im Gottglauben in den Kulturregionen zu verantworten, in denen sie sich durchsetzen konnte. Eine andere, aber nicht ernsthaft zu erwägende Alternative blieb ebenfalls versperrt. Sie bestünde darin, den einen Gott zu denken und in ihm böse Seiten zu vermuten. Aber ein solcher Gott wäre moralisch abzulehnen. Deshalb muss Gott gute Gründe gehabt haben, diese Welt dennoch zu wollen. Und zwar wissend darum, was eine Welt an Abgründen bereithält, wenn sie sich in ihren Gesetzmäßigkeiten entwickelt, was dies für Lebewesen bedeuten würde, die die Abgründe der Welt nicht nur erleiden, sondern wissend werden würden bezogen auf den Schmerz. Es ist das Leiden am Leiden, dass er nicht nur Schmerzen hat, sondern daran leidet, Schmerzen zu haben, das den Menschen grundlegend vom Tier unterscheidet. Gott muss dies gewusst haben. War es dann zu rechtfertigen, dennoch eine Welt zu wollen? Noch die »beste der möglichen Welten« könnte »sehr schlecht im Verhältnis zu der Möglichkeit sein«, »daß gar keine Welt existiert oder in die Existenz gesetzt wäre.«[90] Erst wenn man so radikal denkt, kommt das Prekäre des Schöpfungsglaubens in den Blick. Der Heilsgott der Gnosis konnte nur reagieren auf den Zustand der Schöpfung, zu verantworten hatte er ihn nicht. Der biblische Gott hat es da weitaus schwerer.

Blumenberg verbindet diese Anschärfung des Problems mit einer weiteren These, die in diesen Überlegungen den systematischen Ansatzpunkt bilden soll, warum überhaupt Gott Mensch wurde und in welchem Sinn das Leben und das Kreuz Jesu Heilsbedeutung haben: »Die Wahl der besten der möglichen Welten aus der Unendlichkeit der möglichen konnte und durfte den Schöpfer dieser Welt nicht davon entbinden zu prüfen, ob er in der Lage sein würde, die Subjekte dieser Welt mit zureichendem Grund zur Identifizierung mit ihrem Dasein bringen zu können.«[91] Man mag eine solche Denkweise für anthropomorph halten, ich nenne sie konsequent: Was für Menschen gilt, alles Erdenkliche zu versuchen, den Kindern Möglichkeiten zuzuspielen, erfüllt zu leben, ihnen ihr Einverständnis mit dem Dasein zu ermöglichen, gilt auch für Gott. So wie es für Menschen keine Verpflichtung gibt, neues Leben zu zeugen, sie dies verantworten können müssen, so gab es auch für einen Gott, der frei ist sich selbst gegenüber und damit gegenüber dem, was ihm möglich ist, keine Notwendigkeit, eine Welt zu schaffen.

Gott geht seinem Geschöpf nach

Die Frage nach dem *Cur deus homo?* muss christlich-theologisch gestellt werden. Würde man sie nicht stellen, so verlöre der Glaube sein Zentrum, den Glauben an die Menschwerdung Gottes. Von daher muss es eine Antwort auf die Frage nach dem *Warum?* geben. Gewissheit in der Antwort gibt es nicht, nur historische Indizien, die sich auf den Juden Jesus und dessen Gottespraxis beziehen müssen. Zugleich muss die Antwort ins Koordinatensystem des Menschen passen. Dessen Moralstandards dürfen nicht unterlaufen werden.

Deshalb schlage ich vor, den Grund der Menschwerdung anders verstehen zu lernen als eine Theologie dies tat, die auf einer Sünde des Menschen in einem ursprünglich guten Paradies aufbaute. Der geglaubte Gott hat um die Härten des Lebens gewusst, als er eine Schöpfung dennoch riskierte. Und er hat auch erahnt, was Wesen, einmal der Selbstbestimmung fähig, sprich: ins Reich der Freiheit aufgebrochen, würden tun können. Gott muss die Möglichkeit eines Bösen vor Augen gestanden haben, das in seinen Schrecken noch über das hinausgeht, was bereits die Natur an Schrecken vorhält, und er hat die Welt dennoch riskiert.

Angesichts dessen, was tatsächlich geschehen ist und immer noch geschieht, ist dies – ich bin mir dessen sehr bewusst – eine Aussage, die ans Ungeheuerliche grenzt. Aber wie will man sonst intellektuell redlich durchkommen?

Dies hieße aber, dass Gott sich – vorausgesetzt nur, er ist in einer dem Menschen ebenbildlichen Weise der Moralität fähig, das heißt er *ist* nicht nur, sondern ist der *freien* Selbstbestimmung fähig – bereits im Entschluss zur Schöpfung dazu bestimmt haben könnte, ein nachträgliches Ja des Menschen zu seiner Existenz zu suchen. Es geht um eine Zustimmung des Menschen, die zu suchen Gott selbst sich schuldet, wenn er der Inbegriff des Guten sein will, weil er den Menschen in ein Dasein geworfen hat,[92] das unabhängig von dem Bösen, das Menschen verantworten, Schrecken ohne Ende bereithält. Jemand wie Charles Darwin, der von der Vielfalt und Schönheit der Natur fasziniert war, sah genau, wie grausam es in ihr nach menschlichen Maßstäben zugeht. Selbstverständlich ist es der Mensch, der so urteilt, aber: Es gibt auch keinen anderen Beurteilungsrahmen, und erst recht gibt es keine nichtmenschlichen Maßstäbe, denen der Mensch innerlich verpflichtet sein könnte. Darwin verlor über die Beobachtung dessen, wie es in der Natur zugeht, seinen Glauben. Spätestens der Tod eines seiner Kinder dürfte ihn in den Zweifel gestürzt haben; über den Tod seiner zehnjährigen Tochter ist er zeit seines Lebens nicht hinweggekommen.[93]

Gerade in Wohlstandsgesellschaften ist immer wieder einmal an die Zumutungen der Biologie zu erinnern. Nicht vergessen werden darf, dass noch bis vor wenigen Jahrzehnten die allermeisten Krankheiten nicht therapierbar waren; selbst heute harmlose Krankheiten rafften Menschen noch schonungslos unter Schmerzen hinweg. Palliativmedizin gab es nicht, und eine hohe Kinderzahl war schon deshalb notwendig, um sich selbst für das

Alter abzusichern; denn es war durch Erfahrung erhärtet, dass nur einige der Kinder das Erwachsenenalter erreichen würden. Von dem Hunger, der das Leben vieler wie selbstverständlich begleitete, ganz zu schweigen. Dass es zumindest prinzipiell möglich wäre, alle Menschen ausreichend mit Nahrungsmitteln zu versorgen, ist eine Errungenschaft der neueren Zeit, dass dies nicht geschieht, ein Skandal. Nur war das in vergangenen Zeiten anders. Pestwellen, ausgebliebene Ernten wegen Unwetter – alles dies gehörte zur Normalität des Menschenlebens. Wer soll dies verantworten, wenn nicht Gott. Und wenn man Gott als Freiheit denkt, so hat er auch darum gewusst, was Leben bedeuten würde: Er hat darum gewusst, dass ein menschliches Leben genauso den komplexen Prozessen der Organik unterworfen sein würde wie alle anderen Organismen auch. Es ist banal darauf zu verweisen, aber Theologie neigt immer noch dazu dies zu verschweigen, weil der Druck der Theodizeefrage immens groß wird. Hätte Gott dann eine Schöpfung nicht besser unterlassen? Und auch bezogen auf das moralisch Böse kann Gott nicht einfach entlastet werden. Niemand anders verantwortet die Bedingung dafür, dass ein Eichmann zu tun vermochte, was er faktisch tat: dass er einen Massenmord organisierte und vor Gericht noch meinte, sich darauf berufen zu können, nur seine Pflicht getan zu haben. Letzteres ist empörend, denn er hätte auch anders handeln können; so wie auch niemand die unzähligen anderen Folterer und Mörder dazu gezwungen hat, das zu tun, was sie getan haben. Von den alltäglichen Demütigungen, die Menschen einander zufügen, mangelnder Großzügigkeit, ganz zu schweigen. Menschsein reduziert sich nicht auf die Erfahrung von Schmerz und Leid, Bosheit und Gewalt. Es wurde und wird von den meisten zunächst einmal als lebenswert, als schön erfahren. Aber es wird von der Endlichkeit eingeholt.

Liegt es deshalb nicht nahe, den Gedanken zu riskieren, dass Gott von Anfang an entschieden war, alles zu tun, um ein nachträgliches Ja des Menschen zu erhalten? Gott sah, was geschah, und er müsste schon ein Zyniker sein, wenn er dann zu sich selbst gesagt hätte: *Und siehe, es war alles sehr gut.* Wer auch immer den biblischen Schöpfungsmythos auf dieses *sehr gut* hat hinauslaufen lassen, dürfte auch kaum so naiv gewesen sein, mit einem ursprünglichen Paradies zu rechnen. Beschworen wird vielmehr, dass der Gott, der mit dem Volk den Bund geschlossen hat, dieses in ein Land zu führen, in dem Milch und Honig fließen werden, keine Träne mehr fließen lassen wird. Gegen die Schrecken der Wirklichkeit wird diese Gotteserzählung gesetzt. Ist auf die Frage nach dem *Cur Deus homo?* zu antworten, dass Gott selbst als Mensch dieser Hoffnung, dass die Schrecken der Geschichte und der Tod nicht das letzte Wort über den Menschen haben werden, ein unverbrüchliches Zeichen setzen wollte?

Ausgeschlossen werden kann dies nicht, wenn man das, was überhaupt historisch erreichbar ist über die Verkündigung und Praxis des Jesus von Nazareth, nicht mit der theologisch-liturgisch eingeübten Logik eines Sühneopfers liest. Ich hatte bereits die Grundzüge der Botschaft Jesu erinnert. Dieser Jesus geht an die Peripherie des sozialen Zusammenlebens, richtet die auf, die bedroht sind und keine eigene Kraft mehr haben, die in die Einsamkeit versunken waren. Er teilt das Leben mit ihnen und spricht ihnen Gottes unbedingte Barmherzigkeit zu. Und damit greift Jesus auch ein in die bis in seine Zeiten hinein schwelende und bis heute nicht beendete Debatte darum, wer Gott ist und wie Gott für die Menschen da sein will. Und so versteht sich auch, warum Jesus, aus dem sicheren Galiläa nach Jerusalem gegangen, entschieden weiterkämpfte, als seine Gottesbotschaft sich nochmals ganz neu den Angriffen der etablierten Religion aussetzen musste. Ob es nur eine kurze Zeit war, in der sich andeutete, dass der Konflikt tödlich für ihn enden würde, muss hier nicht entschieden werden. Es spricht einiges dafür, dass Jesus erst kurz vor seiner Verhaftung das gewaltsame Ende geahnt hat. Ausgewichen ist er nicht, und – aber das kann nur erhofft werden, weil niemand wissen kann, was Jesus am Ende dieses entsetzlichen Leidens noch empfunden oder gar gedacht hat – zusammengebrochen an seinem Gott ist er auch nicht. Er hat gekämpft, hat sich seine ganze Gottverlassenheit aus dem Leib herausgeschrien – und vielleicht gehofft, dass der, von dem er erzählte, ihn retten würde. Der christliche Glaube glaubt, dass dies so war, und er glaubt nicht nur, dass Gott diesen Gerechten nicht im Tod gelassen hat, sondern er selbst es war, präziser: es der ewige Sohn war, der als Mensch unter den Bedingungen geschichtlicher Existenz da war, als der *Ich bin der, der ich für Euch da sein werde*, um sich werbend – und dann elendig scheiternd. So interpretiert, wäre der Gott, der sich hier selbst offenbart, eben der Gott, den Hans Blumenberg vermisst. Es wäre der Gott, der nachträglich um die Zustimmung seiner Geschöpfe wirbt. Wenn es stimmt (dieses ›wenn‹ ist immer wieder zu betonen), dass Gott selbst als dieser Mensch Jesus handelnd gegenwärtig war, dann zahlt er selbst einen hohen Preis für das, was er riskiert hat – ein Weltgeschehen, in das er sich durch Menschwerdung eingemischt hat: Er erleidet den Foltertod. Was er, Gott, als Möglichkeit eröffnet hat, menschliche Freiheit, tobt sich als gnadenlose Gewalt an Jesus, dem »Kronzeugen seiner Liebe« (Thomas Pröpper), aus. Der österliche Glaube hält nur dagegen, dass der, den Jesus als Vater angesprochen hat, ihn nicht im Tod gelassen hat. Der erbarmungswürdige Tod Jesu bleibt das Nicht-sein-Sollende. Auch der Vater, um es in der Trinitätssprache zu sagen, hat ihn nicht gewollt: Er hat ihn hingenommen.

Was ist österlich Erlösung?

Unausweichlich ist dann aber die Frage aufgeworfen, ob dem Tod Jesu dann noch eine Erlösungsbedeutung zugeschrieben werden kann. Mein Vorschlag lautet schlicht: Gottes geschichtliche Offenbarung ist die Erlösung, und das Kreuz ist nicht mehr, aber auch nicht weniger als der radikalste Ausdruck dafür, wie entschieden dieser Gott ist, nachholend das Ja eines jeden Menschen für dessen Existenz einholen zu wollen. Solange die Geschichte währt, kann es kein größeres Zeichen dieser Entschiedenheit geben, als notfalls auch noch den Tod zu erleiden.

Bevor präziser ausgeführt wird, was diese Rede von Erlöstsein für den Menschen bedeutet, bedarf das ›notfalls‹ einer Erörterung. Mit ihm steht nicht weniger auf dem Spiel als das, was Geschichte genannt wird. Wenn Jesu Tod notwendig gewesen wäre, dann hätte weder er Freiheit gehabt noch die, mit denen er lebte; und auch die, die schließlich seinen gewaltsamen Tod herbeiführten, hätten dann nicht in Freiheit gehandelt. Was Geschichte genannt wird, ist eine Erzählung von Menschen, die denen, von denen sie erzählen, Freiheit unterstellen. Es gibt damit in der erzählten Geschichte eine doppelte Freiheitsstruktur: Sie wird den in ihr handelnden Personen unterstellt und in eins damit denen, die diese Geschichte erzählen oder auch hören.

Allerdings hat dies dann nicht zu verschweigende theologische Konsequenzen. Es gibt keinen notwendigen Weg Jesu ans Kreuz, die Jesusgeschichte hätte auch ganz anders ausgehen können. Man kann mit Wahrscheinlichkeiten mutmaßen. In der antiken Welt, auch in den römischen Besatzungsgebieten, gehörte es zur Normalität, dass mit Verbrechern und Aufrührern ein kurzer Prozess gemacht wurde. Von daher wird auch Jesus gewusst haben, was er tat, als er in der unter der Römergewalt ächzenden

Stadt Jerusalem einen Konflikt um den rechten Gott anzettelte, der nicht frei war von politischen Implikationen. Was von diesem Jesus von Nazareth überliefert ist, ist zu klug, auch von einem zu realistischen Blick auf den Menschen geprägt, als dass unterstellt werden könnte, er sei naiv in sein Schicksal hineingeschlittert. Nicht dass er diesen Tod gesucht hätte, aber er ist sehenden Auges der Gefahr nicht ausgewichen.

Bezogen auf die Frage nach der möglichen Heilsbedeutung des Todes Jesu heißt dies: Weder Jesus noch der, den er Vater nannte, wollten dieses Ende – nein: Jesus geht vielmehr in das Grauen der Kreuzigung hinein, weil es alternativlos war. Er wollte in Jerusalem für seinen Gott einstehen, nicht ausweichen; und deshalb hat er riskiert, diesen Tod erleiden zu müssen. Wenn dem Auferweckungsbekenntnis zu trauen ist, was ja nicht mehr heißt als: wenn denen zu trauen ist, die sich von ihm gewinnen ließen, die nach seinem Tod zu dem Bekenntnis fanden, dass Gott ihn auferweckt habe, heißt dies aber auch, dass Jesus Recht hatte mit seinem Gott. Dieser Gott bekennt sich zu dem, der sich entschieden von dem Grundsatz leiten ließ, dass dieses Leben in seiner ganzen Ambivalenz, seinen Schönheiten und Abgründen von Gott getragen ist. In diesem Sinn ist Jesus die bis in den Tod hinein bewährte Zusage Gottes an das Leben schlechthin. Er setzt ein Zeichen, dass dieser Gott es ernst meint, radikal ernst. Sich erlöst zu glauben bedeutet deshalb auch nicht, sich von einer Sünde Adams befreit zu wissen. Es geht in dieser Logik um ein fundamental Anderes. Dieser Gott meint es ernst damit, dass Menschen das Leben riskieren sollen, entschieden in ihrem Gerechtigkeitswillen, lustvoll – und in allem auf Gott vertrauend, dass er dieses Leben an ein gutes, ewig erfülltes Ende bringen will und wird. Sich erlöst glauben zu dürfen heißt, von der Angst lassen zu können, alles selbst leisten zu müssen.

War dies der Grund der Menschwerdung? Wenn man so, wie angedeutet, glaubt, hieße dies doch, dass Jesus tatsächlich nichts anderes versucht hat, als Menschen von diesem unverbrüchlichen Versprechen des Schöpfergottes zu überzeugen. Nicht dass er sie aus dem von Anfang an herrschenden Verhängnis des Todes hätte befreien, nicht dass er ihnen physische Schmerzen hätte ersparen können; und erst recht nicht konnte und wollte er ihnen die Verantwortung für ihre Freiheit nehmen. Aber er hat dann die Lust, aber auch die Zumutung, die die Welt darstellt, mit den Menschen geteilt, ist einer der ihren geworden und hat geworben um deren Ja zu ihm. Und was im Diesseits Realität werden sollte, das Vertrauen der Menschen auf ihn, so dass sich deren Leben bereits jetzt wandelte, ohne damit bereits heil zu werden, wird für die Zukunft erhofft: dass Gott dann, wenn er alles in allem, allen restlos offenbar sein wird als der, der er ist, freilassende und alles riskierende Liebe, auch noch sich selbst in geschichtlicher Gestalt bis zum Tod riskierende Liebe, er die Zustimmung aller Menschen zu seinem Schöpfungsentschluss erlangt haben wird. Dieser Gott muss eine ungeheure Lust am Leben gehabt haben, dass er diese Schöpfung riskierte. Und er muss ein ungeheures Zutrauen in die Möglichkeiten seiner Liebe haben. Denn was der Glaube hofft, dass alles ein gutes Ende haben wird, wird ein ungeheuer schmerzhafter Prozess werden angesichts dessen, was in der Geschichte geschehen ist. Und angesichts dessen, was die Biologie dem Menschen an Schmerzen zugefügt hat.

Es ist eine verrückte, kaum zu glaubende Erzählung, die ich über dieses Leben des Juden aus Nazareth lege, mich aber fasziniert sie. Dass Gott seinen Geschöpfen nachgeht, werbend – lustvoll das Leben mit ihnen teilend, den Kampf um sein wahres Gottsein im Religionsstreit der Zeit damals eingehend, bis zum bitteren

Ende. Und dass der, der der Vater genannt wird, dann nochmals eine Antwort auf das Scheitern Jesu hatte, sein rettendes Handeln am Gekreuzigten – was dessen Scheitern in ein neues, verwandelndes Licht taucht: weil nun endgültig glaubhaft wird, dass hier die absolute Liebe bis zum bitteren Ende aushielt, nicht anders als mit den Mitteln der Gewaltlosigkeit und restloser Entschiedenheit als diese zur Erscheinung kommen wollte.

Meditation V

Nicht doch zu schön,
um wahr zu sein?

*Oder: Auferstehungsskepsis und
Auferstehungsglaube im Neuen Testament*

Bevor ich das zu resümieren versuche, was das so genannte Neue Testament, also die Schriften, welche die Christinnen und Christen zusätzlich zu denen des Ersten Testaments als grundlegende Glaubensschriften ansehen, von der Auferweckung Jesu *weiß*, sei eine grundsätzliche Bemerkung erlaubt. Es sind Texte, die uns hier begegnen. Briefe, Bekenntnisformeln und erzählende Texte von Menschen, die erste Erfahrungen mit dem neuen Glauben gemacht hatten; und es sind vor allem Texte von Menschen, welche die »Torheit des Kreuzes« irgendwie zu bewältigen versuchten. Sie waren bitter enttäuscht gewesen, als Jesus diesen schmählichen Tod gestorben war – und hatten schließlich zurückgefunden zum Glauben an ihn. Dieser neue Glaube schlägt sich nieder in den Texten, die sich zusammengefasst im Neuen Testament finden.

Diese Texte sind erste Orientierungsversuche von Menschen aus den ersten Gemeinden, um die neuen Erfahrungen aufzuklären, sie in die Glaubensgeschichte Israels einzuordnen – und sie vor allem weiterzugeben. Heilig sind diese Texte, sofern sie heilig sind, das heißt: sofern sie *tatsächlich* das Geschehen und damit den Gott verstehen und verkündigen, der, so der Glaube, in Jesus menschliche Gestalt angenommen hat. Dies ist das einzige Nicht-Verhandelbare am christlichen Glauben, dass es kein anderer als Gott selbst war, der als der Jude Jesus von Nazareth gehandelt hat. Der Glaube gründet sich darauf, dass Gott selbst diesen so schändlich hingerichteten Menschen gerechtfertigt hat, sich zu ihm bekannt und ihn zu neuem Leben auferweckt hat. Und nicht nur dies. Weil Jesus vom Reich Gottes sprach, dass nun anbrechen werde, Gott selbst sich in seiner Person den Vernachlässigten und Ausgegrenzten, denen, die sich durch eigene Schuld ins soziale Abseits gestellt haben, neu zugewandt habe, diesen Menschen und allen anderen Menschen, setzt der Auferweckungsglaube auch darauf, dass dieses von Gott selbst bestätigt ist. Im liturgischen Gedächtnis wird das erlösende Handeln Gottes konstitutiv an die Person Jesu gebunden. Auch dies sieht der Auferweckungsglaube durch das Handeln Gottes am Gekreuzigten bestätigt.

Unvermeidlicher Zweifel

Doch selbstverständlich kann man auch hieran Zweifel anmelden, und dieser Zweifel ist alles andere als grundlos. Dass man daran Zweifel haben kann, wer wollte es verdenken. Holbein der Jüngere, Brahms und andere stehen für diese Skepsis gegenüber dem Auferweckungsglauben. Der Glaube riskiert, aber er weiß nicht; er riskiert die Aussage, weil Gott Jesus von den Toten auferweckt hat, wird er auch keinen anderen Menschen im Tod verloren geben. Niemand kann demnach letztverbindlich entscheiden, im strengen Sinn tatsächlich wissen. Wer freilich christlich glaubt, setzt das Bekenntnis zu Jesus als dem Christus als wahr. Von daher ist in der Überzeugung des Glaubens dieses Bekenntnis in der Tat nicht verhandelbar, oder aber – und dies bleibt sehr wohl möglich – man hebt den Glauben, dass Jesus wahrhaft der Sohn Gottes war, als ganzen auf.

Allerdings ist der Zweifel auch alles andere als neu. Von Anfang an hatte die kleine Schar derer, die nach dem gewaltsamen Tod Jesu am Kreuz dennoch an ihrem Glauben an ihn festhielten, mit »Zweifel, Angst und Mutlosigkeit«[94] zu kämpfen. In der gesamten Evangelienliteratur ist es zunächst der Zweifel, der akzentuiert wird. Wie sollte dies auch anders sein. Zu frisch war immer noch die Erinnerung, dass die erste Jüngerschar sich von Jesus eine tatsächliche Veränderung der Verhältnisse erhofft hatte. Die Enttäuschung saß tief. Und sehr sicher ist auch, dass viele aus Angst, ebenfalls verfolgt zu werden, Jerusalem verließen. Bei Johannes wird dies nachdrücklich literarisch inszeniert. Der Durchbohrte erscheint, während sich die Jüngerschar versammelt hat, und zwar bei verschlossenen Türen; ganz offensichtlich will Johannes auf die Angst hinweisen, in der diese Gruppe lebte. Als Johannes dieses erzählt, ist der Zeitenabstand bereits größer geworden. Jesus ist bereits lange tot. Und so ist es auch nicht nur die Angst vor Folter und Hinrichtung, die Johannes interessiert. In der Erscheinungserzählung zeigt Jesus »seine Hände und seine Seite«. Der, der sich hinter dem Namen Johannes verbirgt, legt somit größten Wert darauf zum Ausdruck zu bringen, dass der, der sich hier zeigt, zur Erscheinung bringt, der ist, der so entsetzlich gequält und getötet wurde. Der Auferweckte und der Gekreuzigte sind identisch. Gott hat sich zu dem bekannt, der ihn in seinem Leben bezeugte und deshalb diesen Tod erlitt.

Der eigentliche Akzent der Erzählung liegt aber woanders. Sie ist auf die Figur konzentriert, aus der die Tradition dann den ungläubigen Thomas gemacht hat. Doch was heißt schon ungläubig. Nichts, aber auch gar nichts konnte nach diesem Ende am Kreuz ausschließen, dass die Hoffnung der ersten Frauen und Männer auf diesen Jesus von Nazareth, die in ihm den erwarteten Messias erblickt hatten, falsch gewesen sein könnte. Warum sollte er nicht doch nur einer der anderen sein, die sich für ein wenig mehr Menschlichkeit im Namen Gottes eingesetzt hatten? In der Erzählung lässt sich Thomas zunächst nicht von denen überzeugen, die ihm davon erzählen, dass Jesus auferweckt sei, die – um es in einer anderen Sprache zu sagen – gemeinsam diese Erfahrung gemacht hatten, dass Jesus lebt. Thomas will mehr, er will Beweise. Als sich die Schar acht Tage später wieder versammelt, ist Thomas dabei, und Jesus ›erscheint‹ erneut. Als er Thomas auffordert, seine Wunden zu betasten, macht dieser dies aber gerade nicht. Er enttäuscht die Erwartungshaltung des Lesers, und stattdessen bekennt er: »Mein Herr und mein Gott«. Warum? Fühlt der ungläubige Thomas nur die Situation vor, in die hinein sich alle Nachgeborenen gestellt sehen? Nicht die Wunden tasten zu können und sich so zu vergewissern, dass der, der da ›erscheint‹, der auferweckte Gekreuzigte ist?

Dies mag sein. In jedem Fall aber will der Evangelist Johannes auch etwas anderes sagen. Es braucht offensichtlich die gemeinsam geteilte Erfahrung, die Überzeugung, dass Gott sich zum Gekreuzigten bekennt und ihn auferweckt hat, um glauben zu können. Bewiesen wird hier nichts. Es wird ausschließlich von gemeinsamen Erfahrungen ›berichtet‹, die von einer solchen Kraft sind, dass die Vorstellung überflüssig wird, handgreiflich einen Beweis bekommen zu können. Gemeinsam wird gezweifelt, und gemeinsam wird geglaubt. Der große Blaise Pascal wird dieses Wesen des Glaubens Generationen später die ›Wette‹ auf den Gott Abrahams, Isaaks und Jacobs nennen.[95] Niemand kann über Gott verfügen, wenn dieser tatsächlich radikal frei ist, und vor allem: Sein Handeln verläuft im Verborgenen. Wenn sich diese Welt seinem Schöpfungshandeln verdankt, er die kosmischen Prozesse sich nach ihren Gesetzmäßigkeiten entfalten lässt, die biologische Evolution, er mit dem Auftauchen von menschlicher Freiheit Geschichte zuließ, kulturelle Evolution, so ist dieser Gott zunächst einmal ein sich verbergender Gott. Sein kontinuierliches Handeln besteht darin, dass er geschehen lässt, ohne einzugreifen, weder in die kosmisch-evolutiven noch in die geschichtlichen Prozesse. Bezogen auf ein mögliches auferweckendes Handeln dieses Gottes kann dann gesagt werden, dass dieses aus seiner Verborgenheit in eine andere Weltdimension hinein geschähe. Was Menschen in ihrer Identität ausmacht, in ihrer Größe und Gebrochenheit würde dann in eine andere leibliche Identität transformiert sein. Es gäbe dann eine Identität über den Tod hinaus, ohne dass diese Identität noch sichtbar wäre, wie sie jetzt in leiblicher Weise sichtbar ist. Und so kann dann auch niemand wissen – außer, wenn es historisch zuverlässige Beweise gäbe. Johannes verzichtet darauf, Thomas den Finger in die Wunde legen zu lassen. Vielleicht hat er erahnt, dass es den Zweifel der später Geborenen nicht beruhigt hätte. Denn was, wenn jemand die historische Zuverlässigkeit einer Erzählung angezweifelt hätte, die Thomas tatsächlich den Finger in die Wunde hätte legen lassen? Vor allem aber wäre das Wesen dessen, was Auferweckung bedeutet, dann verstellt worden. Der verborgene Gott handelt aus seiner Verborgenheit in eine andere, den Lebenden jetzt noch verborgene Welt hinein – in eine Welt hinein, in der diese Welt und ihre Geschichte als transformierte präsent sein wird: In ihr werden die Tränen abgewischt sein.

Trotziger Auferweckungsglaube

Was beim Evangelisten Johannes begegnet, ist aber in jedem Fall bereits späte Theologie. Sie datiert etwa achtzig Jahre nach Jesu Geburt. Das älteste Zeugnis von der Auferweckung Jesu, präziser muss man sagen, vom Glauben daran, dass Gott den Gekreuzigten auferweckt zu neuem Leben, findet sich bei Paulus in 1 Kor 15,3–7: »und dass er auferweckt ist am dritten Tag«. Wer dies hörte, wusste sich sofort an andere, frühere Formeln erinnert, die Gott und seine Handeln zu umschreiben suchten: »der die Toten lebendig macht«, »der Israel aus Ägypten geführt hat« und »der Himmel und Erde gemacht hat«. In diesen Formeln wurde das heilschaffende Handeln Gottes erinnert und beschworen, und sie werden nun, nach der enttäuschenden Erfahrung, dass Jesus, auf den man alle Hoffnungen gesetzt hatte, zu Tode gequält wurde, auf den Gekreuzigten übertragen: Gott, der Jesus von den Toten erweckt hat. Paulus bekundet gleichzeitig, dass auch er bereits dieses Zeugnis »übernommen« habe. Er ist damit kein ursprünglicher Zeuge, auch ›nur‹ ein »Zeuge zweiter Hand«. Dass Gott gehandelt, Jesus nicht im Stich gelassen hat, fügt sich als Aussage ein in den Glauben an das geschichtsmächtige Handeln Gottes, wie es in Israel bezeugt war – besser müsste man wohl sagen: immer wieder neu erhofft wurde. Wendete sich die Geschichte zum Guten, so wurde dies auf Gottes eingreifendes Handeln zurückgeführt. Und wenn sie sich nicht so, wie erhofft, wendete, so erzählte man dagegen an. Man erzählte von einem guten Anfang, war aber nicht so naiv, eine gute Urgeschichte zu imaginieren – sondern verlegte das gute Ende in den Mythos von einem guten Anfang, wenn man so will: in einen guten Urzustand. Ich bin kein Exeget, der beansprucht zu wissen, was die Autoren dieser Schriften sagen wollten. Selbst wenn sie haben sagen wollen, im Anfang war alles sehr gut, es war nicht sehr gut. Das Fegefeuer der Evolutionstheorie ist gnadenlos, es gab nie eine paradiesische Friedfertigkeit. Aber ich bin auch sehr überzeugt davon, dass die biblischen Autoren so naiv nicht waren, dies zu glauben. Sie haben die Hoffnung auf ein gutes Ende in den Anfang projiziert. Der Gott, der alles für gut befindet, wird schon für ein gutes Ende sorgen, dauerhaftes Leben spenden – Gerechtigkeit schaffen.

Deshalb wurde der Gott, der zunächst ein Gott ausschließlich für die Lebenden war, auch zum Gott der Toten. Die ältesten Formeln, in denen der Glaube an die Auferweckung Jesu zum Ausdruck kam, nehmen diesen Glauben an den befreienden, somit aus dem Tod rettenden Gott auf. Sie lassen sich aber nicht verstehen ohne das für den Glauben Israels grundlegende Exodusbekenntnis, das heißt ohne Bezogenheit auf die reale Geschichte. Das Bekenntnis ist zunächst auf das Diesseits gerichtet, zielt nicht auf eine Jenseitsvertröstung. Wenn eine Hoffnung über den Tod hinaus formuliert wird, so geht es darum, dass dieses konkrete Leben, die Menschen in ihren so unterschiedlichen Biographien und Schicksalen einer neuen, dann endgültigen Lebenswirklichkeit zugeführt werden. Wenn in den Erscheinungserzählungen der Gekreuzigte seine Wundmale zeigt, die Leiblichkeit des Auferweckten betont wird, so wird deutlich: Es geht um *dieses* Leben, dieses leibliche und allzu oft gequälte Leben, das gerettet werden soll.

Was meint aber der Begriff Erscheinung? Wenn der Begriff sehr bewusst benutzt wird, um die inneren Vorgänge derer, denen solche Erscheinungen widerfahren sind, zu verstehen, so ist zunächst einmal klarzustellen, dass es sich um eine theologische Ausdeutung handelt. In alttestamentlicher Tradition geht es darum, diese Vorgänge auf ein »offenbarungsmäßiges Sich-Zeigen aus der Welt Gottes«[96] zurückzuführen. Damit wird zumindest vorausgesetzt, dass der Gekreuzigte bei Gott ist; weiterreichende Ansprüche, etwa dass Jesus der Sohn Gottes sei (was das auch immer bedeuten mag), können hieraus noch nicht abgeleitet werden. Was somit in 1 Kor 15,3–7, aber auch in den anderen Erzählungen, die vom Erscheinen des Auferstandenen handeln, zum Ausdruck gebracht werden soll, ist, dass geraume Zeit nach Jesu Tod Menschen zurückgefunden haben zum Glauben an ihn, solche, die ihm zu Lebzeiten gefolgt waren und darüber hinaus; dass sie Erlebnisse hatten, Erfahrungen machten, die sie veranlassten, ihn als den Auferweckten zu bekennen. Mehr lässt sich historisch nicht sagen.

Und eben dies ist die Crux derer, die heute glauben wollen. Historisch zugänglich ist, dass Menschen in ihrem Bewusstsein den Gekreuzigten als den Auferweckten entwickelten, dieser Glaube dann in theologischer Ausdeutung in Bekenntnisformeln, in Erzählungen verpackt wurde. Einen anderen historischen Kern kennen diese Texte nicht. Sensibilisiert durch die Religionskritik wird der Zweifel geradezu unausweichlich. Könnte es nicht sein, dass die Jesusanhänger schlicht nicht wahrhaben wollten, dass Jesus tot war? Dass es zu psychischen Prozessen kam, im Kontext derer sie Bilder – man könnte auch schärfer formulieren: Halluzinationen – von einem wieder lebenden Jesus entwickelten? Dass sie die in liturgischen Kontexten eingeübten Formeln von einem Gott begannen in ihrer Enttäuschung auf Jesus zu übertragen?

Ich weiß nicht, ob man diesen Verdacht verdrängen kann; gut erinnern kann ich mich, wie er bei mir im Verlauf des Erwachsenwerdens aufkam – und wie er sich bis heute immer wieder einschleicht. Wenn ich heute in der Osterzeit die altbekannten Texte höre, wie Jesus erscheint, so frage ich mich, wie man nicht zweifeln kann, nicht auf die Idee kommen kann, dass sich hier nur Projektionen abspielen. Tröstlich ist, dass der sich gegenwärtig in die Glaubenssehnsucht einschleichende Zweifel nicht weit weg zu sein scheint vom Zweifel derer, die nach dem Tod Jesu in Verzweiflung sehnsuchtsvoll nach einem Gott verlangten, der den Gekreuzigten retten möge. Und: dass sicherlich der *Wunsch*, Gott möge retten, möge diesen einen Menschen nicht im Tod gelassen haben, wirksam ist im Auferweckungsglauben, aber auch nichts ausschließen kann, dass ein Gott ist, der rettet.

Meditation VI

»Karsamstagschristologie«

Oder: Glauben – und den Skeptikern treu bleiben

Vor allem Fontane

So ist eines der schönsten, bereits erwähnten Bücher Hans Blumenbergs getitelt. Blumenberg hat Fontane ungemein geschätzt, wohl deshalb, weil Fontane eine ausgeprägte Aufmerksamkeit für das Menschliche, auch das Allzumenschliche hatte, er in seiner Literatur wertschätzend mit dem Menschen, seinen Schrulligkeiten und Ambivalenzen, seiner Liebenswürdigkeit umgeht. Angesichts der kurzen Dauer einer Lebenszeit, des Nicht-Wissens, wann es endet, ist dies das Humanste, was Menschen zu leben vermögen.

Sehr vielen Menschen dürfte Theodor Fontane in Schulzeiten vermiest worden sein. Fontane ist auch nichts für viele Heranwachsende, zu kompliziert – denn: er ist zu lebensgesättigt. *Der Stechlin*, dessen Erscheinen in Buchform Fontane nicht mehr erlebte, ist ein Buch für Erwachsene. So wie auch das Christentum kein Glaube für Kinder ist, sondern für erwachsen gewordene Menschen, die dennoch, gegen den Zweifel, das, was Glaube genannt wird, riskieren. Nicht, dass sich Kinder nicht aufgehoben wissen dürften in diesem Glauben. Aber was es bedeutet, dass Gott selbst Mensch wird und sich dem Leben aussetzt, wird nur erfassen, wer sich einen realistischen Begriff von diesem Leben gemacht hat. Dazu aber braucht es Lebenssättigung.

Fontane ist ein Autor der Moderne. Ob er bereits ein im Vergleich zu vorangegangenen Zeiten verändertes Lebensgefühl vorweggenommen hat, wie dies später bei Kafka zu beobachten ist, wage ich nicht zu beurteilen. Kafkas Schreiben kennt nur einen Fixpunkt: dass dem Menschen grundlos der Prozess gemacht wird. Er, der Mensch, sehnt sich wie ein Süchtiger nach Sinn und Anerkennung in seinem Dasein. Aber das Leben kennt keine Gnade. Und deshalb kommt es zu den maßlosen Selbstüberforderungen, die freilich in einer Gesellschaft, die darauf abgestellt ist, dass deren Menschen tagtäglich funktionieren, nicht sein dürfen. Dass Kafkasche Lebensgefühl hat in einer solchen Gesellschaft nichts zu suchen. Wer melancholisch ist, macht hier eben eine Lebenskrise durch, die zu beheben ist. Ein boomender Therapiemarkt und eine jede ins Existentielle gehende Frage zudeckende Kulturindustrie erledigen den Rest an aufkeimender Nachdenklichkeit. Aber dass das Leben in sich unsinnig, der Mensch nur eine Marginalie einer keine Gnade kennenden Welt sein könnte, wird als Gedanke verdrängt. Kafkas Schreiben atmet den Schmerz, der aufkommt, wenn dieser Gedanke zugelassen wird.

Fontane war noch nicht so rigoros in seinem Blick auf den Menschen. Aber er ahnte bereits, was kommen könnte. Die gesellschaftliche Ordnung war eine andere geworden. Neue Arbeitsprozesse wurden etabliert, die Industrialisierung schritt voran. Allein dies musste das überkommene Selbstverständnis des Menschen verändern. Fontane sah dies sehr genau. Und er sah, dass die Glaubensfestigkeit vergangener Generationen – wenn es sie jemals gab – brüchig geworden war. Im *Stechlin* spielt Fontane nicht zuletzt dieses Brüchigwerden christlich-religiöser Traditionen durch.

Glaubenszweifel in Fontanes Stechlin

140 Die Hauptfigur Dubslav von Stechlin, den Mittsechziger und ehemaligen Major, beschreibt Fontane als einen, dessen »schönster Zug ... eine tiefe, so recht aus dem Herzen kommende Humanität« gewesen sei. Während er »sonst eine Neigung« gehabt habe, »fünf gerade sein zu lassen«, seien ihm »Dünkel und Überheblichkeit« »so ziemlich die einzigen Dinge« gewesen, »die ihn empörten«.[97] An Selbstsicherheit lässt es Fontane seinem Dubslav nicht fehlen. Er lebt aus einer langen Tradition, die ihn trägt. Aber, so dessen Beschreibung: Er habe diese still gelebt, und wenn sich das mit dieser Tradition verbundene »Selbstgefühl« nach außen hin zeigte, so »kleidete sich's in Humor, wohl auch in Selbstironie«.[98] Was einen selbst an Selbstsicherheit, an Lebensgefühl trägt, kann anderen vorenthalten sein. Wer ist schon für seinen inneren Seelenhaushalt verantwortlich? Der alte Dubslav weiß dies. Deshalb geht er milde mit Menschen um, ohne darüber seine eigenen Standpunkte aufzugeben. Dubslav ist sich darin sicher, nicht anders leben zu wollen, wenn es um den anderen Menschen geht. Nachsichtig, wertschätzend.

In Glaubensdingen freilich ist sich Dubslav nicht so sicher. Bereits auf den ersten Seiten des *Stechlin* wird der Zweifel an der überkommenen Glaubenstradition eingespielt. Und dies an der Zentralüberzeugung, der von der Auferstehung der Toten. Fontane gibt damit ein klares Signal, wie sein *Stechlin* zu lesen ist. Es geht um Fragen von Tradition, um Fragen neuer gesellschaftlicher Ordnungen und des Zusammenlebens, aber eben auch um die Frage, wie zu leben ist, wenn das, was über lange Zeit galt, der Glaube, zunehmend zum reinen Kulturdenkmal wird, seine existentielle Überzeugungskraft aber dadurch verliert. Der traditionsbewusste Dubslav selbst ist es, der den Zweifel in sich weiß. Persönlich, so lässt Fontane den Erzähler im *Stechlin* anmerken, glaubte er eigentlich nicht mehr an Auferstehung. Was ihn allerdings nicht hindert, mit leicht süffisantem Unterton zu sagen, wir glaubten doch alle mehr oder weniger an eine Auferstehung.[99] Will sagen: Es schickt sich, daran zu glauben; jedenfalls schickt es sich, öffentlich den Glauben an Auferstehung nicht anzuzweifeln. Und es wäre ja auch zu schön, wenn wahr wäre, was durchaus geglaubt werden kann, weil es ja wahr sein könnte. Aber über dieses ›mehr oder weniger‹ hinaus mehr Glaubensgewissheit aufzubringen, gelingt dem alten Dubslav nicht. Doch geht das in Glaubensangelegenheiten? Verlangt der Glaube nicht Unbedingtheit?

Erinnerung an Lissabon

Dubslav von Stechlin nennt sich nach dem See Stechlin, einer der Seen der Ruppiner Seenlandschaft. Ruhig und still sei es hier, nur ab und zu, heißt es, rege es sich »auch *hier*«, wenn es »weit draußen in der Welt, sei's auf Island, sei's auf Java zu rollen und zu grollen« beginne. Ein Wasserstrahl springe dann auf und sinke wieder in die Tiefe. Alle wüssten darum, die den Stechlin umwohnten, und wenn sie davon sprächen, »so setzen sie wohl auch hinzu: ›Das mit dem Wasserstrahl, das ist nur das Kleine, das beinah Alltägliche; wenn's aber draußen was Großes gibt, wie vor hundert Jahren in Lissabon, dann brodelt's hier nicht bloß und sprudelt und strudelt, dann steigt statt des Wasserstrahls ein roter Hahn auf und kräht laut in die Lande hinein.‹«[100] Fontane spielt auf das Erdbeben von Lissabon an, das im Jahr 1755 die Stadt fast vollständig zerstörte und Zehntausenden von Menschen das Leben nahm.

Der Roman verläuft ruhig, man pflegt das Gespräch. Aber bereits diese wenigen Sätze machen klar, dass die Ruhe nur eine trügerische ist, im Kleinen wie im Großen. Alles ist miteinander verwoben, und: Das Unheimliche und Zerstörerische kann jederzeit in das Leben einbrechen. Fontane hat in einem Brief an Adolf Hoffmann darauf hingewiesen, dass er genau dieses habe zum Ausdruck bringen wollen: »Dieser See, klein und unbedeutend, hat die Besonderheit, mit der zweiten Welt draußen in einer halb rätselhaften Verbindung zu stehen und wenn in der Welt draußen ›was los ist‹, wenn auf Island oder auf Java ein Berg Feuer speit und die Erde bebt, so macht der ›Stechlin‹, klein und unbedeutend wie er ist, die große Weltbewegung mit und sprudelt und wirft Strahlen und bildet Trichter. Um dies – so ungefähr fängt der Roman an – und um *das* Thema dreht sich die ganze Geschichte.«[101] Alles ist miteinander verwoben, gestaltet sich immer wieder und wird auch immer wieder zerstört. Das Leben kommt und das Leben geht, gesellschaftliche Ordnungen und Formen des kulturellen Lebens werden ersonnen und dann wieder aufgelöst.

Interessant ist die Figur des Hahnes. Als Petrus Jesus dreimal verleugnet, kräht ein Hahn. So wie Jesus es ihm prophezeit hatte. Und dies ausgerechnet Petrus, auf den im Evangelientext Jesus seine Kirche bauen wollte und der kurz zuvor noch großmäulig auch nur die Möglichkeit abgewiesen hatte, Jesus verraten zu können. Der rote Hahn ist aber auch eine Sagenfigur, die auf eine ganz andere menschliche Charakteristik reagiert. In den *Wanderungen durch die Mark Brandenburg* schreibt Fontane: »Ist aber ein Waghals im Boot, der's ertrotzen will, so gibt's ein Unglück, und der Hahn steigt herauf, rot und zornig, der Hahn der unten auf dem Grunde des Stechlin sitzt, und schlägt den See mit seinen Flügeln bis er schäumt und wogt, und greift das Boot an und kreischt und kräht, daß es die ganze Menzer Forst durchhallt von Dagow bis Roofen und bis Altglobsow hin.«[102] Im *Stechlin* Fontanes freilich ist es nicht Waghalsigkeit, die das Verderben provoziert. Und erst recht ist es nicht Verrat, der den Hahn aus den Tiefen des Sees auftauchen lässt. Hier sind es Naturkatastrophen, Erdbeben wie das ein Jahrhundert zuvor in Lissabon, das den Hahn aufsteigen lässt. Interpretiert man zu stark, wenn man vermutet, dass Fontane den Zweifel Dubslavs an der Auferstehung mit dem großen Thema der Theodizeefrage verwob? Das Erdbeben von Lissabon hat, zumal in den intellektuellen Eliten, für eine Erschütterung des Glaubens an Gott gesorgt. Für eine aus dem Herzen kommende Humanität braucht es keinen Gott. Menschen wollen aus sich heraus menschlich leben, nach selbst bestimmten und gewählten Maßstäben: großzügig und wertschätzend, hilfreich und solidarisch, oder aber sie wollen es nicht. Und dennoch bleibt Gott ein Sehnsuchtswort. Aber ist einem Gott zu trauen, der eine Welt so wollte, wie sie ist, in der mit einem Schlag zehntausende Menschen ihr Leben verlieren? Dem alten Dubslav ist die Skepsis abzulesen, und weil er grundsätzlich skeptisch ist bezogen auf den überkommenen Gott, fehlt es ihm auch nicht an Skepsis bezogen auf den Auferstehungsglauben. In der Philosophensprache: Weil Gott sehr wohl auch nicht existieren könnte – und angesichts des Verderbens, das in der Welt herrscht, sind Zweifel an seiner Existenz unvermeidlich –, könnte die Hoffnung auf Auferstehung ins Leere laufen.

Ich will an dieser Stelle nicht nochmals die vielen Zeugen dafür aufrufen, dass es existentiell verfestigte Zweifel sind, die Menschen daran hindern, sich in Gott festzumachen. Es sind immer wieder gerade die, die sich ihre religiösen Sehnsüchte nicht auf ein Ganzheitsgeraune reduzieren lassen, denen es schwer fällt zu glauben. Wer sich die Schrecken der Geschichte vor Augen hält, wem die so verbreitete religionskulturelle Amnesie zuwider ist, wird Schwierigkeiten mit dem Sehnsuchtswort Gott haben. Denn wer sehnsüchtig auf Gott hofft, dem bleibt die Frage nicht erspart: Wo ist Gott? Wenn ich mich weiterhin Fontane widme, dann sollen diese Fragen nicht ausgespart sein. Im *Stechlin* spielen sie in dieser drastischen Zuspitzung keine Rolle. Das Enttäuschungspotenzial Gottes, besser müsste man sagen: des Gottglaubens, bildet aber auch hier den Nährboden für die sich verbreitende Skepsis.

Zunächst dem Diesseits verpflichtet

Prinzipienreiterei mag der alte Dubslav nicht, Fontane mochte sie wohl auch nicht. Und so ist die Figur im *Stechlin*, die am wenigsten sympathisch gezeichnet ist, eine ins Bürgerliche geheiratete protestantische Adelige, Ermyntrud, die von ihren sieben Kindern bereits vier verloren hat, Glaubenszweifel aber dennoch nicht kennt und stattdessen das Christliche mit einem Tugendkatalog gleichsetzt. Was dem Menschen obliege, so Ermyntrud, sei »nicht die Lust des Lebens, auch nicht einmal die Liebe, die wirkliche, sondern lediglich die Pflicht ...«.[103] Zwar heißt es bei ihr auch, dass der Mensch »um andrer willen«[104] lebe. Aber dieses »um andrer willen« läuft dann doch auf nichts anderes als auf einen ethischen Rigorismus hinaus, der Prinzipien über das reale Leben, die Individuen, stellt. Um »einem sittlichen Prinzip zum Siege zu verhelfen, dafür leben wir doch eigentlich«, so Ermyntrud, und sie fügt hinzu: »Dafür lebe wenigstens *ich*.«[105] Ist dies ein Ausdruck von Selbstgerechtigkeit? Oder aber ahnt sie, dass auch ein anderes Christentum möglich ist?

Dubslav jedenfalls kann mit einem solchen Prinzipienrigorismus, den Menschen meinen leben zu sollen, nichts anfangen. Sich zu bemühen und dieses Leben zu leben, es in Maßen auszukosten, ist seine Devise. Dem Tode bereits nah, bleibt Dubslav ins Leben verliebt, ohne das harte Faktum, sterben zu müssen, schönzureden: Der »Mensch ist nun mal feige und will dieses Leben gerne weiterleben.«[106] Es ist nicht nur die natürliche Angst vor dem Tod, nicht zu wissen, wo es hingeht – ob es überhaupt irgendwo hingeht, wo das ›ich‹, das sich jetzt vor dem Tod fürchtet, noch ein ›ich‹ mit einem eigenen Bewusstsein, einer Identität, ist. Nichts kann ausschließen, dass es für das ›ich‹, für das es ans Sterben geht, nichts mehr geben wird, keine jenseitige Zukunft. Und zudem hat *dieses* Leben Seiten, die schlicht liebenswert sind.

Ein Dialog über Himmel und Erde

Fontane hat in seinem *Stechlin* den möglicherweise erotischsten Dialog zwischen Himmel und Erde inszeniert. Gut zu essen, spielt im ganzen Roman eine wichtige Rolle. Auf Schloss Stechlin bekommen der zu Besuch weilende Sohn Woldemar und seine Freunde Rex und Czako Krammetsvögelbrüste, im Kloster Wutz der Domina Adelheid, einer Schwester Dubslavs, wenige Zeit später gespickte Rebhuhnflügel. Gefragt, was er denn vorziehe, Flügel oder Brust, antwortet Czako, ein zweites Mal zugreifend und wohl dem Ort des Klosters geschuldet, dass in Brust und Flügel, wie ihm scheinen wolle, »ein großartiger Gegensatz von hüben und drüben« schlummere. Es gebe »nichts Diesseitigeres als Brust« und »nichts Jenseitigeres als Flügel«. Aber, so fährt er fort: »Der Flügel trägt uns, erhebt uns. Und deshalb, trotz aller nach der andern Seite hin liegenden Verlockung, möchte ich alles, was Flügel heißt, doch höher stellen.«[107] Sich erheben zu lassen, zu transzendieren auf ein nicht mehr Diesseitiges hin, kann durchaus schmackhaft sein; andere nennen das sich dabei einstellende Gefühl ein Gefühl von Erhabenheit. Wobei sich das Gefühl des Erhabenen durchaus nicht nur dann einstellen kann, wenn das denkende Gemüt auf die Idee Gottes verfällt. Doch auch wenn Gott gesetzt wird, muss dieses Sich-Erheben (wenn man sich nicht von der Sündenrhetorik hat irreführen lassen) nicht heißen, dass das Diesseits darüber unwichtig würde, nicht genossen werden wollte und dürfte. Doch in einer so entschiedenen Reflexion endet der Dialog nicht. Der Leser erfährt erst hinterdrein, dass Czako seine irdische und himmlische Freuden abwägenden Überlegungen »in einem möglichst gedämpften Tone gesprochen«[108] hatte. Man kann nur mutmaßen, warum Fontane diese Anmerkung wichtig war: Damit die Gastgeberin, die Domina des Klosters, sich nicht zu der Nachfrage bemüßigt sähe, ob er womöglich doch Brust vorziehen könnte?

In jedem Fall bleibt der Verdacht, dass die von Fontane wohlwollend gezeichneten Figuren, das heißt die Figuren, die nicht allzu entschieden den ›wahren‹ Glauben zu verteidigen suchen und die Gesellschaft im Untergang begriffen sehen, wenn ein bestimmtes Christentum seine prägende Kraft verlieren sollte, zunächst einmal auf das Diesseits setzen. Schließlich weiß man nicht, ob es ein Jenseits überhaupt gibt. Und sollte das Jenseits nichts mit diesem Leben zu tun haben, so kann es einem auch geschenkt bleiben. Das war bereits bei Heinrich Heine zu studieren, der darauf bestand, schon auf Erden glücklich sein zu wollen – was ja nicht ausschließt, auf einen Himmel zu hoffen. Bei Fontane begegnet diese Einstellung zum Leben wieder.

Unanfechtbare Wahrheiten?

Wenn seine literarischen Figuren Rückschlüsse auf ihn selbst zulassen sollten, so war Fontane alles andere als der Vorläufer einer bestimmten Form von Modernität, die ihr Glück in einem *anything goes* sucht. In seinen Vorstellungen einer seinem Begriff vom Menschen angemessenen Humanität war er entschieden. Bezogen allerdings auf die letzten Fragen war er nachdenklich, zu Recht vorsichtig. So lässt er Dubslav von Stechlin bereits zu Beginn des Romans sagen: »Unanfechtbare Wahrheiten gibt es überhaupt nicht, und wenn es welche gibt, so sind sie langweilig.«[109] Unanfechtbar, daran würde auch der alte Stechlin nicht zweifeln, sind lediglich zwei Dinge. Erstens, dass das Leben begrenzt ist, und zweitens, dass das Leben gestaltet sein will. Wenn allerdings der Wahrheitsbegriff fällt, so kündigt sich die Frage nach einer Wahrheit an, die über alles Endliche hinausgeht, sprich: es geht um das, was diese Welt zusammenhält. Kaum einer Erwähnung ist es wert, dass Stechlin bezogen auf solche Wahrheiten Skepsis anmeldet. Nicht, dass es sie nicht gäbe. Es gibt sie sogar notwendig. Denn da diese Welt (und mit ihr möglicherweise sogar unendlich viele andere Welten) existiert, gibt es auch einen Begriff, der diese Welt angemessen zu verstehen erlaubt. Allerdings können Menschen als endliche Vernunftwesen nicht mit letzter Sicherheit wissen, ob der Begriff, den sie sich von der Welt machen, ihr angemessen ist. Menschen können diese Welt nur so beschreiben, wie es das ihnen zur Verfügung stehende Kategoriensystem zulässt. Aber sie können, da sie keinen Blick von außen erlangen können, nicht beurteilen, ob dieses Kategoriensystem der Welt, wie sie an sich selbst ist, angemessen ist. Was sie allerdings sagen können, ist, dass die Art und Weise ihrer Weltbeschreibung, durch die sie die Welt allererst als eine Welt gewinnen, die sie zu einer Welt für sie macht, erstaunlich gut funktioniert.

Dass empirisch bewährte Beschreibungen von Naturgesetzlichkeiten relativ unanfechtbar sind, dürfte aber kaum gemeint sein, wenn Dubslav absolute Wahrheiten, wenn sie dem Menschen überhaupt zugänglich wären, als langweilig bezeichnet. Gäbe es sie, so gäbe es keine Unsicherheit – keine Konversation über das, was gilt, keine Ironie, nichts von dem, was das menschliche Leben ausmacht und interessant macht. Denn alles läge dann ausgebreitet da, müsste nur noch als objektiv Geltendes gelebt werden – was freilich bezogen auf den Menschen einen Widerspruch in sich selbst darstellt. Denn für das Freiheitswesen Mensch gilt nichts einfach so, außer: er will, dass es gelte.

Im Bereich dessen, was Geschichte, Gesellschaft und Kultur genannt wird, steht nichts einfach fest. Wer dies behauptet, will nur, dass der Status quo weiter existiert. Fontane weiß dies, und dies weiß auch eine Philosophie, die kritisch geworden ist gegenüber den Normativitäten, die das soziale Zusammenleben regulieren. Es gebe keine »Tatsachen«, hat Gianni Vattimo formuliert, sondern »nur Interpretationen«. Aber auch das sei schon »*Auslegung*.«[110] Interpretationen aber bleiben zwangsläufig strittig. Es gibt sicherlich bessere Interpretationen, weil sie bessere Gründe aufbieten können, aber keine Interpretation kann sich gewiss sein, die einzig mögliche zu sein. Sie müssen allerdings verantwortet werden, wenn Freiheit sein soll, keine reine Beliebigkeit herrschen soll – und: Wenn Freiheit das Höchste für den Menschen ist und der Mensch in seiner Freiheit sich dazu bestimmt, andere Menschen in ihrer Würde unbedingt wertzuschätzen, dann muss die Interpretation von Welt, der ich folge, der Würde der Freiheit angemessen sein. Vattimo hat, dies sei nebenbei vermerkt, daran erinnert, dass das »Christentum ... das Prinzip der Innerlichkeit in die Welt« eingeführt habe, und dass »auf dieser Grundlage die ›objektive‹ Realität Stück für Stück ihr entscheidendes Gewicht«[111] verloren habe. Mit dieser objektiven Realität ist aber nicht nur das naturwissenschaftlich Beschreibbare gemeint, sondern auch das, was als Vorstellung gelingenden Lebens normative Ansprüche entwickelt. Es muss ausgelotet werden, was gelten soll, weil es in diesem Sinn ›objektiv‹ menschliches Leben befördert. Und weil nichts objektiv gilt, konkurrieren in Gesellschaften, die dieses erlernt haben, auch Religionen und andere Weltanschauungen miteinander. Man mag sich davon irritieren lassen, zunächst einmal bedeutet eine solche Verunsicherung aber einen Gewinn. Keine Religion darf mehr, weil sie sich objektiv in der Wahrheit meint, Ansprüche auf den Menschen erheben. Sie darf werben, von sich zu überzeugen versuchen, aber sie darf keine auch noch so versteckte Gewalt ausüben.

Modernität als Ungewissheit

Was einerseits Freiheitsräume eröffnet, ins Ungewisse hinein interpretieren und gestalten zu dürfen, setzt allerdings unter den Bedingungen eines Denkens, dem die Sicherheit Gottes abhandengekommen ist, neue existentielle Nöte frei. Was sich im

Zentrum der Reformation bereits vorsichtig als Glaubenszweifel ankündigte, verschärft sich in dem Moment, in dem bewusst ist, dass alles Interpretation ist, die mithin richtig oder auch falsch sein kann. Im *Stechlin* Fontanes ist dieses Bewusstsein voll ausgebildet. Ob Gott existiert, ist fraglich, aber selbst wenn er existiert, lässt sich daraus nicht ableiten, dass sich die größte Sehnsucht, die Menschen ausbilden können, dass dieses Leben nicht alles sei, erfüllen wird. Die von den ersten Gemeinden behauptete Auferweckung des Gekreuzigten durch Gott beruhte auf einem Interpretationsvorgang. Wenn diese Behauptung stimmen sollte, so lässt sich zwar daraus ableiten, dass auch alle anderen Menschen darauf hoffen dürfen, von Gott nicht im Tod gelassen zu werden. Denn christlich-theologisch von der Auferweckung Jesu zu sprechen, heißt ja: Gott hat den »getöteten Zeugen seiner Liebe« (Thomas Pröpper) gerettet, und das heißt: Er hat den gerettet, der beansprucht hatte, an seiner Stelle so handeln zu dürfen, wie er gehandelt hatte. Nicht, dass Jesus die Verhältnisse einfach hätte ändern können. Aber er hat die ermutigt, aufgerichtet, die mit ihren Kräften am Ende waren. Jesus konnte auch keine Wunder tun. Er hat Menschen darin bestärkt, auf Gott zu setzen – das heißt zu glauben, dass Gott noch Möglichkeiten hat. Und dies hat deren Leben verändert, hoffnungsfroh gestimmt und diejenigen, die in ihrem Herzen verhärtet waren, zur Umkehr bewegt. Diesen Anspruch, an Gottes Stelle so handeln zu dürfen,[112] hat Gott durch sein rettendes Handeln am Gekreuzigten bestätigt. So dass der Glaube an diesen Jesus von Nazareth sich dazu ermutigt fühlt, zu sagen, Gott selbst sei in einer besonderen Weise in Jesus anwesend gewesen, als er selbst. Das Geheimnis von Ostern besteht darin, zu glauben, dass Gott selbst sich in die Geschichte erniedrigt hat, um als Mensch die Unbedingtheit seiner Liebe erfahrbar werden zu lassen – als ein Mensch, der die Bedingungen, die Würde, aber auch das Elend des Menschen teilt. Unbedingtheit aber kennt keine Grenze, auch nicht die des Todes. Von daher schließt die Rede von der Auferweckung Jesu die Hoffnung ein, dass dieser Gott auch keinen anderen Menschen verloren geben wird.

Der christliche Glaube setzt sich voraus, dass dieser Gott ist, aber: Sich seiner eigenen Gründe reflexiv bewusst geworden, weiß der Glaube, dass er auf einem Interpretationsvorgang beruht. Von daher bleibt die durch die Generationen hindurch immer wieder neu gemachte österliche Erfahrung eine Hoffnung. Traut jemand diesem Gott, das heißt glaubt er, so glaubt er für die mit, die nicht zu glauben vermögen. Die Gründe hierfür können unterschiedlich sein. Wer nicht in diesen Glauben hineingeprägt wurde, wird kaum glauben können. Wen in der Geschichte ausgeprägte Glaubensvorstellungen, »Grammatiken des Glaubens«, neurotisiert haben, der wird entweder zu einer neuen Glaubensvorstellung kommen – oder aber wird nicht glauben können. Ganz zu schweigen von den Unzähligen, denen das Leben so übel mitgespielt hat, dass ihnen der Glaube an einen gütigen Gott zertreten wurde. Und auch wird man es Menschen kaum verdenken können, es angesichts der unermesslichen Räume des Alls für hochgradig unwahrscheinlich zu halten, dass ein gütiger Gott über dem Sternenzelt wohnt, der den Menschen zu seinem Ebenbild wollte. Nichts, dies ist unter gegenwärtigen Wissensbedingungen immer wieder zu betonen, kann ausschließen, dass der Mensch »nicht Adressat der kosmischen Veranstaltung« sein könnte, sich sein Dasein »unterhalb der Schwelle kosmischer Relevanzen« vollzieht; so Hans Blumenberg, der den Prozess der Neuorientierung des menschlichen Selbstverständnisses nach Kopernikus nachgezeichnet hat.[113] Der soziologisch zu beobachtende Abschied vom allmächtigen Gott dürfte einen

Grund darin haben, dass das Kinderlied »Weißt Du, wieviel Sternlein stehen?« mit seinen Versen »Gott, der Herr hat sie gezählet/Daß ihm auch nicht eines fehlet/An der ganzen großen Zahl« seine beruhigende Wirkung auf den Menschen verloren hat. Es geht in diesem Lied nicht um den sternezählenden Gott, sondern um den Menschen – darum, dass Gott sich um einen jeden Menschen kümmert, er ihn umsorgt. Das Bedürfnis des Menschen bleibt, aber es ist erschüttert. Dem spätmodernen Zeitgenossen ist Gott in die Ferne gerückt. In den religiös begeisterten Szenen feiern deshalb auch Engel ihr fröhliches Dasein. Man darf nur nicht nachfragen ...

Glaube – das große Dennoch

In meiner Kindheit war Gott derjenige, der das Leben mit seinen Geboten und vor allem Verboten organisiert. Weder ist er dies heute noch für mich, noch ist er der, der ein Sühnopfer brauchte, um sich mit der sündig gewordenen Menschheit versöhnen zu können. Gott ist ein Freiheitswort, und da es keine moralisch-ethisch anspruchsvolle Freiheit gibt, die nicht auf Gerechtigkeit drängt, immer auch ein Gerechtigkeitswort. Wenn ich formuliere ›für mich‹, so willige ich ein, dass Menschen nur Interpretationen haben, auch religiöse Überzeugungen ihren Grund in interpretierenden Verarbeitungen von Erlebnissen und Erfahrungen haben. Aber damit sind sie nicht beliebig. Auf dem Standpunkt der Freiheit kann und darf kein Gott akzeptiert werden, der den Menschen nicht als Freiheitswesen respektiert. Deshalb darf das ›Gesetz‹ Gottes auch keines sein, das vorschreibt, sondern nur eines, das dazu auffordert, das Leben verantwortet zu gestalten. Menschen haben nicht das Gesetz Gottes, sondern sie haben das als Gesetz Gottes, was sie für das Gesetz Gottes halten. Ist der Mensch in seiner Freiheit sich selbst Gesetz, so ist nur ein Gesetz Gottes akzeptabel, das freiheitswürdigend ist.[114]

Aber kennt das biblische Gottdenken einen anderen Gott? Natürlich wird hier literarisch anders inszeniert, Gott diktiert dem Mose die Thora. Die tatsächlichen Verhältnisse sind aber andere. Es ist das Vernunftwesen Mensch, das in eins sich selbst, Regeln des Zusammenlebens nach selbstgenerierten moralisch-ethischen Prinzipien und den Gottesbegriff reflektiert. Reflexion ist es, die den Gottesbegriff läutert – und ist dies bewusst, so geschieht dies in der Hoffnung, dass dem Begriff Gottes ein Gott entspricht. Gilt diese Logik, so darf der Gott, der ein blutiges Sühneopfer braucht, kein Gott für den Menschen sein. Und ebenso darf ein Gott, der der Freiheit des Menschen entgegensteht, kein Gott für den Menschen sein. Entweder ist Freiheit das Höchste oder aber sie ist es nicht. Das gilt auch in göttlichen Angelegenheiten, in Fragen des seligen Lebens. Der Gott meiner Kindheit konnte deshalb das Erlernen von Freiheit nicht überleben.

Wohl aber kann der Gott Gott für den Menschen sein, der selbst freiheitsachtsam ist, ja der nichts unversucht lässt, den Menschen mit seiner Liebe zu erfüllen und ihm, als Mensch in die Geschichte eingegangen, ein Versprechen auf eine Zukunft gegeben hat, die nicht enden will. So der christliche Glaube. Ob dieser Gott existiert, muss offen bleiben, und ebenso muss offen bleiben, ob dieser Glaube, der sich auf den Juden Jesus aus Nazareth legt, angemessen interpretiert. Denen, die freiheits- und gerechtigkeitssehnsüchtig sind, die zugleich trotz aller Widrigkeiten und Schrecken in dieses Leben verliebt sind, nimmt dieser Glaube nichts. Denn er belässt ihnen die Lust an einem freien Leben. Aufgehoben ist in diesem Glauben lediglich die Verzweiflung darüber, dass dieses Leben alles leisten muss. Und die Hoffnung lebendig, dass das Unglück all der vielen doch noch eines Tages versöhnt, die Tränen abgetrocknet werden könnten. Aber dieser Glaube ist und bleibt ein Glaube, eine trotzige Hoffnung gegen die »härteste Nicht-Utopie« (Ernst Bloch), den Tod. Der Glaube hofft darauf, dass ein jeder Mensch Zustimmung geben wird zum Faktum seiner Geburt. Dies kann nur individuell geschehen und wird bei denen, die sich zu Grauenhaftem haben verleiten lassen, einen schmerzhaften Prozess darstellen. Und ob die, denen das Leben alles andere als gut mitgespielt hat, ihr Einverständnis werden geben können? Und die, die gequält wurden? Zum Opfer grausamer Gewalt wurden?

Es ist die Stille der Kartage, die sinnbildlich für ein Eingedenken in diesem Sinne steht – für das Schweigen Gottes und eine keimende Hoffnung – eine Hoffnung, über die hinaus ich keine größere zu denken weiß.

Anmerkungen

1   Heinrich Heine, Nachgelesene Gedichte 1845 bis 1856, in: ders., Sämtliche Schriften in zwölf Bänden, hg. von Klaus Briegleb, Bd. 11, München/Wien 1976, 267–350, 341.

2   Hans Zender, Waches Hören. Über Musik, hg. von Jörn Peter Hiekel, München 2014, 103.

3   Friedrich Nietzsche, Nachgelassene Fragmente 1885–1887, in: ders., Sämtliche Werke, hg. von Giorgio Colli und Mazzino Montinari, Bd. 12, München ²1988, 125f.

4   Hermann Burger, Fragebogen, in: ders., Werke in acht Bänden, hg. von Simon Zumsteg, Bd. 8, München 2014, 364f., 364.

5   Johann Baptist Metz, Kampf um jüdische Traditionen in der christlichen Gottesrede, in: Kirche und Israel 1 (1987) 14–23, 18.

6   Vgl. Martin Seel, Aktive Passivität. Über den Spielraum des Denkens, Handelns und anderer Künste, Frankfurt 2014, bes. 240–246, hier 246: »Kultur ist eben das: im Unbestimmten eine Bestimmung zu finden, die neue Unbestimmtheit erzeugt, die zu neuer Bestimmtheit führt, und so fort – ad infinitum. Das Indefinite ist das Infinite.« Was Seel bezogen auf Kultur ausführt, gilt auch für den Bereich der Religion. Und dies schon deshalb, weil Religion und damit auch religiöse Überzeugungen immer auch das Ergebnis von kulturellen Prozessen ist, ohne dass die in religiösen Überzeugungen beanspruchte Wahrheit damit bereits notwendig falsch sein müsste. Aber sie kann es sein.

7   Theodor W. Adorno, Prismen. Kulturkritik und Gesellschaft, in: ders., Gesammelte Schriften, hg. von Rolf Tiedemann, Bd. 10,1, Darmstadt 1998, 785.

8   Vgl. Johann Baptist Metz, Mystik der offenen Augen. Wenn Spiritualität aufbricht, Freiburg 2011, 157–159.

9   Vgl. Urs Widmer, Vom Leben, vom Tod und vom Übrigen auch dies und das. Frankfurter Poetikvorlesungen, Zürich 2007, 119.

10   Vgl. Martin Heidegger, Sein und Zeit, Tübingen ¹⁶1986, 191. Wenn Heidegger das »Sichängstigen ... als Befindlichkeit« als »eine Weise des In-der-Welt-seins« bestimmt (ebd.), dass Dasein selbst aber formal als ein Modus des Sich-Aussprechens des Seins, dann ist ihm von vornherein versperrt, die existentielle Angst von Individuen noch würdigen zu können, die diese angesichts der harten Realität des (zumindest möglichen) künftigen Nicht-mehr-Seins empfinden können.

11   Zitiert nach Hans Mayer, Ein Denkmal für Johannes Brahms, Frankfurt 1983, 69.

12   Vgl. hierzu die dritte Meditation weiter unten.

13 Heinrich Heine, Deutschland. Ein Wintermärchen, in: ders., Sämtliche Schriften in zwölf Bänden, hg. von Klaus Briegleb, Bd. 7, München/Wien 1967, 571–644, 578.

14 Vgl. Hannah Arendt/Joachim Fest, Eichmann war von empörender Dummheit. Gespräche und Briefe, hg. von Ursula Ludz und Thomas Wild, München/Zürich 2013, bes. 43f.

15 Heine, Deutschland, 579.

16 Heinrich Heine, Nachgelesene Gedichte 1828–1844, in: ders., Sämtliche Schriften in zwölf Bänden, hg. von Klaus Briegleb, Bd. 7, München/Wien 1967, 435–570, 484f.

17 Vgl. Magnus Striet, Den Anfang denken. Bemerkungen zur Hermeneutik des creatio ex nihilo-Glaubens, in: Andreas Leinhäupl-Wilke u. a. (Hg.), Visionen des Anfangs. Biblisches Forum Jahrbuch 2, München 2004, 9–24.

18 Heinrich Heine, Nachwort zum Romanzero, in: ders., Sämtliche Schriften in zwölf Bänden, hg. von Klaus Briegleb, Bd. 11, München/Wien 1976, 179–186, 180.

19 Vgl. Jean-Paul Sartre, Das Sein und das Nichts. Versuch einer phänomenologischen Ontologie, Deutsch von Hans Schöneberg und Traugott König, Hamburg 1991, 474 und 478f.

20 Heine, Nachwort zum Romanzero, 180.

21 Ebd., 180f.

22 Ebd., 181.

23 Urs Widmer, Eine letzte Rede. Petrarca-Preis 1979: Laudatio auf den Buchbinder Wanninger, in: www.zeit.de/1979/26/eine-letzte-rede (zuletzt aufgerufen am 24.12.2014).

24 Ebd.

25 Vgl. Julia Kristeva, Schwarze Sonne. Depression und Melancholie, aus dem Französischen übersetzt von Bernd Schwibs und Achim Russer, Frankfurt 2007.

26 Walter Jens, Si vis vitam para mortem. Die Literatur über Würde und Würdelosigkeit des Sterbens, in: ders./Hans Küng, Menschenwürdig sterben. Ein Plädoyer für Selbstverantwortung. Mit einem Text von Inge Jens, München/Zürich 2010, 85–121, 85.

27 Fjodor Dostojewski, Der Idio, neu übersetzt von Swetlana Geier, Frankfurt [9]2012, 591.

28 Vgl. Albert Camus, Die Pest, aus dem Französischen übersetzt von Guido G. Meister, Hamburg 1995, 177.

29 Karl Rahner, Gotteserfahrung heute, in: ders., Schriften zur Theologie, Bd. 9, Einsiedeln 1970, 161–176, 168.

30 Sören Kierkegaard, Der Begriff Angst, übersetzt und mit Glossar, Bibliographie sowie einem Essay »Zum Verständnis seines Werkes« hg. von Liselotte Richter, Hamburg 1991, 57.

31 Vgl. bis heute maßgeblich Thomas Pröpper, Erlösungsglaube und Freiheitsgeschichte. Eine Skizze zur Soteriologie, München [3]1991.

32 Friedrich Nietzsche, Der Fall Wagner, in: ders., Sämtliche Werke, hg. von Giorgio Colli und Mazzino Montinari, Bd. 6, München [2]1988, 9–54, 47.

33 Ebd.

34 Vgl. Arthur Schopenhauer, Die Welt als Wille und Vorstellung, in: ders., Werke in fünf Bänden, nach der Ausgabe letzter Hand hg. von Ludger Lütkehaus, Bd. 1, Zürich 1988, 337.

35 Arthur Schopenhauer, Parerga und Paralipomena, in: ders., Werke in fünf Bänden, nach der Ausgabe letzter Hand hg. von Ludger Lütkehaus, Bd. 4, Zürich 1988, 260.

36 Ebd., 263.

37 Zitiert nach Mayer, Ein Denkmal für Johannes Brahms, 68f.

38 Rainer Maria Rilke, Gesammelte Gedichte, Frankfurt 1962, 472.

39 Hans Blumenberg, Vor allem Fontane. Glossen zu einem Klassiker, Frankfurt/Leipzig 2002, 122.

40 Samuel Beckett, Endspiel, Frankfurt ²1976, 89.

41 Vgl. Albert Camus, Der Mythos von Sisyphos. Ein Versuch über das Absurde, aus dem Französischen von Hans Georg Brenner und Wolfdietrich Rasch, Düsseldorf 1958, 23.

42 Odo Marquard, Zur Diätetik der Sinnerwartung. Philosophische Bemerkungen, in: ders., Apologie des Zufälligen. Philosophische Studien, Stuttgart 1986, 33–53, 33.

43 Vgl. Immanuel Kant, Logik (= WA; 6), A 25. Die Werke Kants werden zitiert nach Immanuel Kant, Werkausgabe in zwölf Bänden, hg. von Wilhelm Weischedel, Frankfurt ⁵1982.

44 Ernst Bloch, Subjekt – Objekt. Erläuterungen zu Hegel, Frankfurt ²1982, 59.

45 Vgl. Heine, Nachwort zum Romanzero, 183.

46 Vgl. hierzu meine Ausführungen in: In der Gottesschleife. Von religiöser Sehnsucht in der Moderne, Freiburg 2., durchgesehene Auflage 2015.

47 Den Hinweis auf Zimmermann verdanke ich Meinrad Walter im Kontext eines Seminars zu »Spielarten der Erlösung«. Ihm sei dafür und überhaupt für seine wohlwollend-freundschaftlichen Hinweise auf Zentrales und Entlegenes der musikalischen Welt herzlich gedankt.

48 Bernd Alois Zimmermann, »Ich wandte mich und sah an alles Unrecht, das geschah unter der Sonne«. Ekklesiastische Aktion für zwei Sprecher, Baß-Solo und Orchester (Studien-Partitur; ED 6330), Mainz 1970, 34.

49 Ebd., 56.

50 Sartre, Das Sein und das Nichts, 954.

51 Vgl. insgesamt Adrian Holderegger, Suizid und Suizidgefährdung. Humanwissenschaftliche Ergebnisse – Anthropologische Grundlagen (= Studien zur theologischen Ethik; 5), Freiburg 1979.

52 Vgl. Walter Groß, Zum alttestamentlich-jüdischen Verständnis von Sterben und Tod, in: Franz-Josef Bormann/Gian Domenico Borasio (Hg.), Sterben. Dimensionen eines anthropologischen Grundphänomens, Berlin/Boston 2012, 465–480, 470.

53 Vgl. Jean-Pierre Wils, Anmerkungen zur Geschichte des Sterbens, in: Adrian Holderegger (Hg.), Das medizinisch assistierte Sterben. Zur Sterbehilfe aus medizinischer, ethischer, juristischer und theologischer Sicht (= Studien zur theologischen Ethik; 80), Freiburg 1999, 21–36.

54 Vgl. Vera Lind, Selbstmord in der Frühen Neuzeit. Diskurs, Lebenswelt und kultureller Wandel am Beispiel der Herzogtümer Schleswig und Holstein, Göttingen 1999, 26.

55 Augustinus, Vom Gottesstaat. Eingeleitet und übertragen von Wilhelm Thimme, Bd. 1 (= Werke; 3), Zürich 1955, 22.

56 Ebd., 19.

57 Vgl. Thomas von Aquin, Summa Theologiae II-II, q. 64, a. 5.

58 Vgl. Dante Alighieri, Die Göttliche Komödie, aus dem Italienischen von Wilhelm G. Hertz. Nachwort von Hans Rheinfelder, München ¹⁸2012, 57–61.

59 Vgl. Karl Maurer, Die Selbstmörder in Dantes Divina Commedia, in: Zeitschrift für romanische Philologie 75 (1959) 306–321, 309. Maurer weist in einer überaus auf-

schlussreichen Weise nach, wie bis zum Beginn der Renaissance die Selbsttötung unisono verurteilt wurde und wie stark auch hier der Einfluss des Augustinus gewesen ist.

60 Katholischer Erwachsenenkatechismus, hg. von der Deutschen Bischofskonferenz, Bd. 2, Freiburg u. a. 1995, 283.

61 Ebd., 282.

62 Ebd., 283.

63 Karl Löwith, Töten, Mord und Selbstmord: Die Freiheit zum Tode, in: ders., Sämtliche Schriften, hg. von Klaus Stichweh, Stuttgart 1981, 399–417, 400.

64 Vgl. Dagmar Fenner, Suizid – Krankheitssymptom oder Signatur der Freiheit. Eine medizinethische Untersuchung, Freiburg/München 2008, 112f.

65 Löwith, Töten, Mord und Selbstmord, 401.

66 Jean Améry, Hand an sich legen. Diskurs über den Freitod, Stuttgart ⁸1983 [1976], bes. 154f.

67 Löwith, Töten, Mord und Selbstmord, 402.

68 Hans Blumenberg, Beschreibung des Mensche, aus dem Nachlaß hg. von Manfred Sommer, Frankfurt 2006, 623.

69 Vgl. Inge Jens, Ein Nach-Wort in eigener Sache, in: Walter Jens/Hans Küng, Menschenwürdig sterben. Ein Plädoyer für Selbstverantwortung, 199–212, 202f.

70 Jean-Paul Sartre, Der Existentialismus ist ein Humanismus, in: ders., Gesammelte Werke. Philosophische Schriften I, Reinbek bei Hamburg 1994, 117–155, 125.

71 Vgl. hierzu meine Überlegungen: *Ius divinum* – Freiheitsrechte. Nominalistische Dekonstruktionen in konstruktiver Absicht, in: Stephan Goertz/Magnus Striet (Hg.), Nach dem Gesetz Gottes. Autonomie als christliches Prinzip (= Katholizismus im Umbruch; 2), Freiburg 2014, 91–128.

72 Vgl. Immanuel Kant, Kritik der praktischen Vernunft (= WA; 7), A 3.

73 Vgl. zuletzt meine Ausführungen in: Aufschlussreiche Aufregung. Zur Diskussion um den EKD-Grundlagentext zum Reformationsjubiläum, in: Herder Korrespondenz 68 (2014) 443–446.

74 Immanuel Kant, Anthropologie in pragmatischer Hinsicht (= WA; 12), B 214.

75 Ebd., B 227.

76 Ebd., B 209.

77 Vgl. Immanuel Kant, Grundlegung zur Metaphysik der Sitten (= WA; 7), BA 52: »handle nur nach der Maxime, durch die du zugleich wollen kannst, daß sie ein allgemeines Gesetz werde.«

78 Löwith, Töten, Mord und Selbstmord, 408.

79 Zit. nach Irene Heidelberger-Leonhard, Jean Améry. Revolte in der Resignation, Stuttgart 2004, 27.

80 Vgl. hierzu mein demnächst erscheinendes Buch: Radikale Kontingenz. Vier Kapitel zur Lehre von der Allmacht Gottes, Freiburg 2015.

81 Vgl. auch Walter Kasper, Theologie als Glaubenswissenschaft, in: Theologie im Diskurs (= Gesammelte Schriften; 6), Freiburg 2014, 21–29, 24: »Weder in der Schrift noch im ›Dogma‹ der Kirche begegnet uns die Wahrheit des Evangeliums ›chemisch rein‹. Deshalb bleibt in allen Aussagen etwas Unabgegoltenes und Uneingelöstes. Es melden sich ein ›Sinnüberschuss‹ und eine ›theologische Differenz‹, welche eine Sachkritik an den Aussagen von Schrift und Tradition erlauben. Diese Sachkritik wird jedoch nicht von außen an den Glauben herangetragen, sondern entspringt der immanenten Dialektik der ›Sache‹ selbst. Gerade wenn sich also die Theologie

als Glaubenswissenschaft begreift, welche sich engagiert auf ihre ›Sache‹ einlässt, kann sie zugleich kritische Wissenschaft und kritisches Bewusstsein in der Kirche sein.«

82 Vgl. hierzu Thomas Pröpper, Theologische Anthropologie, Freiburg 2011, 1010–1016.

83 Vgl. Augustinus, Confessiones. Lateinisch-deutsch. Übersetzt, hg. und kommentiert von Kurt Flasch, Stuttgart 2009, 521.

84 Ebd., 457.

85 Peter Sloterdijk, Die schrecklichen Kinder der Neuzeit. Über das anti-genealogische Experiment der Moderne, Berlin 2014, 17.

86 Hans Blumenberg, Matthäuspassion, Frankfurt 1988, 14.

87 Vgl. etwa die Schilderung solcher Situationen im Roman von Aleksandar Tišma, Kapo, aus dem Serbischen von Barbara Antkowiak, München 1999.

88 Blumenberg, Beschreibung des Menschen, 652.

89 Ebd.

90 Ebd., 653.

91 Ebd., 653f.

92 Ich will hier nicht der Frage nachgehen, wie sich diese Vorstellung mit dem evolutionstheoretischen Wissen der Gegenwart zusammenbinden lässt.

93 Vgl. Eve-Maria Engels, Charles Darwin, München 2007, 33.

94 Michael Theobald, Angefochtener Osterglaube – im Neuen Testament und heute, in: Theologische Quartalsschrift 193 (2013) 4–31. Die in dieser Meditation beanspruchten exegetischen Kenntnisse verdanken sich wesentlich diesem Aufsatz.

95 Vgl. Blaise Pascal, Über die Religion und über einige andere Gegenständ, aus dem Französischen übertragen und mit einem Nachwort hg. von Ewald Wasmuth, Frankfurt 1987, 253.

96 Theobald, Angefochtener Osterglaube, 19.

97 Theodor Fontane, Der Stechlin, mit einem Nachwort hg. von Helmuth Nürnberger, München 2014, 9f.

98 Ebd.

99 Vgl. ebd., 10.

100 Ebd., 7.

101 Theodor Fontane, Briefe 1890–1898, in: ders., Werke, Schriften und Briefe (Abt. IV/ Bd. 4), hg. von Otto Drude und Helmuth Nürnberger, München 1982, 650.

102 Theodor Fontane, Wanderungen durch die Mark Brandenburg. Erster Teil: Die Grafschaft Ruppin, hg. von Gotthard Erler und Rudolf Mingau, Berlin 1989, 349.

103 Fontane, Der Stechlin, 178.

104 Ebd.

105 Ebd.

106 Ebd., 367.

107 Ebd., 92.

108 Ebd., 93. Vgl. auch die Interpretation von Hans Blumenberg, Rebhuhnflügel oder Krammetsvögelbrüste, in: Akzente 33 (1986) 510–513.

109 Fontane, Der Stechlin, 10.

110 Richard Rorty/Gianni Vattimo, Die Zukunft der Religion, aus dem Amerikanischen übersetzt von Michael Adrian und Nora Fröhder, Frankfurt/Leipzig 2009, 56.

111 Ebd.

112 Vgl. Hans Kessler, Sucht den Lebenden nicht bei den Toten. Die Auferstehung Jesu Christi in biblischer, fundamentaltheologischer und systematischer Sicht, Düsseldorf ²1987, 90 und 98.

113 Hans Blumenberg, Die Genesis der kopernikanischen Welt, Frankfurt 1975, 665.

114 Magnus Striet/Rita Werden, Welcher Gott will welches Gesetz? Unterschiedliche Gottesvorstellungen in der Rede vom ius divinum, in: Herder Korrespondenz 69 (2015) 19–23.